DE LA LÉGISLATION

CIVILE, CRIMINELLE ET ADMINISTRATIVE

DES

ÉTATS PONTIFICAUX

PAR

M. MAURICE PUJOS,

AVOCAT A LA COUR DE PARIS.

PARIS	ROME
COTILLON, ÉDITEUR-LIBRAIRE,	MERLE, LIBRAIRE-ÉDITEUR,
Rue St-Hyacinthe-St-Michel, 6.	Rue du Corso, 348.

1862

DE LA LÉGISLATION

CIVILE, CRIMINELLE ET ADMINISTRATIVE

DES

ÉTATS PONTIFICAUX

Paris. — Imprimé par E. Thunot et Cᵉ, 26, rue Racine.

DE LA LÉGISLATION

CIVILE, CRIMINELLE ET ADMINISTRATIVE

DES

ÉTATS PONTIFICAUX

PAR

M. MAURICE PUJOS,

AVOCAT A LA COUR DE PARIS.

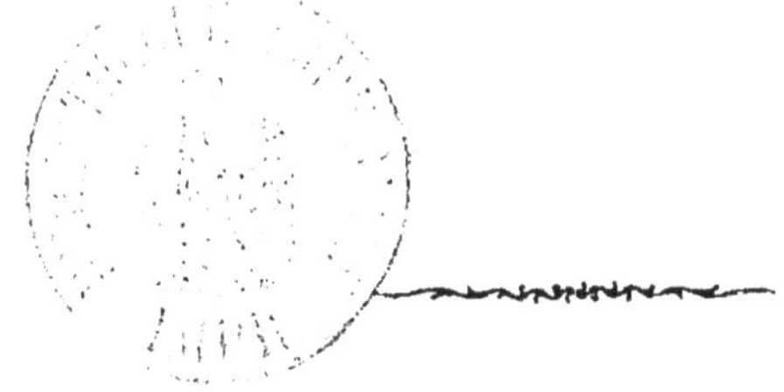

PARIS	ROME
COTILLON, ÉDITEUR-LIBRAIRE,	MERLE, LIBRAIRE-ÉDITEUR,
Rue St-Hyacinthe-St-Michel, 6.	Rue du Corso, 318.

1862

INTRODUCTION.

Au moment où tant de brochures, de livres et
d'ouvrages sont inspirés par la question romaine; au
moment où tant de pamphlets injustes et de pané-
gyriques indiscrets naissent et meurent presque en
même temps, chaque jour autour de nous; au moment où chacun, soit dans les journaux, soit dans
les livres, s'empresse de dire son mot plus ou moins
justifié sur le pouvoir temporel du Saint-Père et sur
le gouvernement pontifical, nous croyons nécessaire
et indispensable d'expliquer le but de cet opuscule
et de faire précéder ce travail purement juridique de
quelques considérations personnelles.

En publiant cette étude sur les lois romaines que nous
avons faite à Rome, en livrant à la publicité ces notes
de voyage prises tantôt après une visite à un musée,

tantôt l'âme toute pleine encore de la grandeur et de la majesté de Saint-Pierre, nous n'obéissons nullement à un vain désir de publicité et de réclame, et nous n'avons nullement la prétention de croire que notre faible voix puisse posséder le pouvoir de changer ou d'arrêter le cours des événements politiques contemporains. Nous obéissons tout simplement à un sentiment de justice et d'honnêteté, à une conviction morale et profonde que nous avons acquise en séjournant assez longtemps à Rome pour bien nous pénétrer de l'état des esprits et du jeu des institutions dans les États de l'Église. Nous avons jusqu'à ce jour entendu attaquer avec tant de véhémence ou défendre avec des arguments si peu concluants la cause du gouvernement pontifical, que nous avons cru pouvoir, sans prendre d'autre parti que celui que nous dictait notre amour pour la vérité, jeter un peu de lumière dans la discussion en racontant ce que nous avions vu et ce dont nous avions été témoin. Pour cela, il fallait éviter de nous laisser entraîner dans des discussions longues et déjà rebattues, ce que nous n'aurions pu faire en n'écoutant que nos appréciations personnelles; car celles-ci, quelque sincères qu'elles puissent être, sont toujours attaquées et même attaquables et elles ne convainquent ni vos amis ni vos adversaires, qui vous accusent de part et d'autre ou de grossir ou de rapetisser les événements au profit de la cause que vous semblez défendre. Nous avons donc mieux aimé prendre les faits, les faits réels et inattaquables seulement, les dépouiller de ce qu'ils pouvaient avoir d'obscur et d'ambigu et les mettre sous les yeux du public. Or, par ce mot : *faits*, nous entendons les institutions, l'ensemble des lois.

Convaincu en effet que la base de tout bon gouvernement doit se trouver dans l'administration de la justice et dans l'ensemble de la législation du pays, nous avons pensé qu'il n'était pas de meilleur moyen pour faire connaître le gouvernement pontifical que d'exposer sommairement quelles étaient les lois et les règlements en vigueur dans les États du Saint-Père. Si les lois, en effet, sont bonnes, justes et équitables dans un pays, ce pays ne saurait être mal gouverné, tant, bien entendu, qu'il jouit de sa tranquillité et qu'il conserve à sa tête un gouvernement régulier qui prend à tâche de faire fonctionner régulièrement les différentes institutions dont il est le chef et le dépositaire. Le gouvernement, en effet, ne peut et ne doit, au point de vue intérieur, que faire respecter et exécuter les lois ; donc, si les lois sont bonnes, le gouvernement, en les maintenant en vigueur, n'accomplit que des actes de justice et de bonne administration.

Aussi, pour expliquer ce qu'est le gouvernement qu'on s'acharne à vouloir détruire aujourd'hui de tant de côtés et par tant de moyens à la fois, allons-

nous simplement montrer ce que sont les lois romaines et donner un aperçu fidèle d'une législation
que fort peu de personnes semblent connaître de
nos jours. Nous laissons à d'autres plus habiles ou
plus savants que nous le soin de tirer une conclusion de notre travail.

Néanmoins, avant de dire quelles sont ces lois, il
nous semble nécessaire d'indiquer clairement le
point de vue auquel nous voulons nous placer pour
en juger les mérites ou les défauts. Pour étudier et
critiquer les lois d'un pays, deux méthodes différentes peuvent être également suivies : on peut,
d'une part, en se plaçant au point de vue élevé de
la justice absolue, juger les dispositions prescrites
par ces lois, en faisant abstraction, pour ainsi dire,
du caractère et des tendances du peuple pour lequel
elles ont été édictées ; et, prenant pour type et pour
modèle les grands principes qui forment aujourd'hui
la base du droit commun, on peut apprécier la législation dont on s'occupe au point de vue général,
philosophique, et n'admettre d'autre règle et d'autre
critérium, pour condamner ou pour louer, que les
préceptes et les axiomes inébranlables de la morale
et de la justice universelles. Assurément, cela est
d'un esprit vaste, élevé et généreux; mais nous
croyons qu'un pareil système de critique, qui ne
repose que sur des théories spéculatives et abstraites,
sur la distinction idéale du juste et de l'injuste, ne

saurait être bon dans la pratique. Nous ne cherchons pas à montrer ici ce qui devrait être et ce qui sera nécessairement, lorsque les hommes et les peuples auront enfin atteint ce degré de perfection vers lequel ils tendent d'un commun essor et dont chaque jour ils se rapprochent davantage; nous voulons seulement montrer ce qui est, et juger les règlements et les lois, au point de vue tout spécial du peuple que ces règlements et ces lois sont appelés à régir.

Nous n'examinerons donc les lois romaines qu'au point de vue exclusivement romain, c'est-à-dire que nous ne nous permettrons d'approuver ou de blâmer les dispositions diverses de ces lois qu'autant qu'elles nous paraîtront concordantes ou non avec les besoins et les intérêts du peuple romain. Nous ne nous occupons donc nullement de la question de savoir si, en France, ces lois seraient applicables ou impossibles; nous voulons simplement montrer ce qu'elles sont à Rome, et dire si les Romains les doivent trouver bonnes ou mauvaises, c'est-à-dire conformes ou non à leur esprit et à leur caractère; faire connaître, en un mot, si elles répondent complétement aux besoins de la population.

Que si maintenant nous venons à indiquer souvent les dispositions équivalentes de nos lois et à établir une sorte de parallèle, qu'on ne s'imagine pas que nous ayons dessein de critiquer en aucune sorte, par cette comparaison, les règles de l'un ou de l'autre Code et que nous cherchions à nous servir de l'une des deux législations pour condamner l'autre ou en faire ressortir les avantages ; nous n'avons d'autre but que de rappeler au lecteur des principes et de lui montrer des ressemblances ou des différences que nous essayerons de justifier et non de juger ; nous avons dit déjà que nous ne voulions ici qu'apporter de nouveaux documents et de nouvelles preuves dans le débat, et non pas trancher une question qu'il n'est pas de notre compétence de décider.

Cela dit, quelles sont les bases de la législation des États pontificaux et quand ont-elles été posées ? C'est ce que nous allons exposer brièvement.

Lorsqu'en 1829, à l'avénement de S. S. Pie VIII, un écrivain français, qui a longtemps voyagé en Italie, et qui a laissé sur Rome des lettres non moins instructives qu'intéressantes, s'écriait avec une emphase plus ambitieuse encore que patriotique : « *Que Dieu inspire à Pie VIII l'idée d'octroyer à ses États le Code civil des Français !* » lorsque de Stendal formulait dès cette époque ce vœu qui lui paraissait alors presque chimérique, il ne se doutait pas, lui, qui avait tant de fois prétendu qu'une révolution seule, sanglante et terrible, pourrait modifier l'ordre de choses établi et déraciner les vieilles coutumes du droit de Justinien, que, quelques années plus tard, sans commotion et sans secousse, par la seule initiative d'un esprit éclairé et prudent, ce Code serait, à peu de détails près que nous avons dessein d'étudier dans ce travail, déclaré la loi fondamentale des États pontificaux.

En effet Grégoire XVI, le 10 novembre 1834, publiait, *con motu proprio*, le « *Règlement législatif et judiciaire pour les affaires civiles* » qui forme aujourd'hui la base de la législation romaine.

Ce n'est point en effet par la force et la violence que peuvent être obtenues les lois justes et les saines réformes. Quand un gouvernement sent sourdre sous ses pieds une agitation impatiente qui se traduit par des révoltes ou des conspirations, quand il voit que, partout autour de lui, on cherche à détruire ou qu'on détruit même ce qui est, sans savoir auparavant comment on le remplacera, il se renferme alors dans le rôle que la Providence a imposé tout d'abord à tout chef, à tout État, c'est de maintenir les institutions qu'on veut attaquer en faisant respecter l'ordre de choses établi.

Les concessions qu'un peuple arrache par la révolte à son souverain ne prouvent, « *aux yeux des gens en colère qui les obtiennent, que de la faiblesse dans le prince qui les accorde* (1). » De plus, elles ne peuvent jamais être étudiées et sérieuses, et par conséquent durables : faites sous l'empire de la crainte,

____

(1) De Stendhal, *Promenades dans Rome.*

elles se ressentent toujours de leur origine ; et, quand l'exaltation du triomphe chez les uns ou de la frayeur chez les autres a cessé, les vices dont ces trop rapides réformes sont affectées frappent tellement tous les yeux que ceux-là même qui s'étaient montrés les plus ardents à les obtenir sont les premiers à en demander le changement ou même l'annulation. Nous pourrions citer des exemples récents, presque contemporains ; nous aimons mieux faire simplement appel aux anciens souvenirs des premiers temps de notre révolution française, par exemple, et rappeler combien peu de lois, parmi toutes celles qui furent proposées et adoptées par les assemblées Législative ou Constituante, ont duré et sont parvenues jusqu'à nous.

Sans doute, l'ensemble des lois en vigueur actuellement dans les États pontificaux est loin d'être parfait et complétement achevé : nous ne proposons donc pas les divers règlements qui régissent les diverses branches de la justice, à Rome, comme le dernier mot d'une législation excellente, comme l'*ultima ratio* de la sagesse et de la prudence humaines, et nous ne faisons en cela qu'exprimer l'opinion du gouvernement lui-même qui intitule modestement la plupart de ses édits : *Règlements provisoires.*

Le champ est donc librement ouvert, même sous le gouvernement pontifical, aux améliorations et aux réformes : le Pape sait qu'il est sur la terre le représentant de Dieu lui-même et Dieu compte parmi ses attributs infinis la sagesse et la justice absolues.

Le gouvernement pontifical doit donc être, et sera toujours le premier à accepter et à accueillir toutes les tendances vers le bien qui doivent faire régner ici-bas d'une manière plus complète et plus durable et la justice et la paix.

Mais il faut du temps pour arriver à ces réformes, il faut surtout, pour le gouvernement, la certitude du dévouement et du respect. Depuis trente ans, le gouvernement pontifical ne se fait nulle illusion sur la nécessité et l'urgence de changements radicaux et profonds dans toutes les branches des divers services administratifs ; mais depuis trente ans aussi, les agitations ne cessent d'être fomentées contre lui et paralysent tous ses efforts. Le représentant de Dieu sur la terre ne peut et ne doit pas courber humblement la tête devant l'orage des passions humaines.

« Néanmoins le saint-siége connaît toute la diffi-
« culté des temps auxquels le Seigneur l'a réservé.
« Toutefois, plein de confiance dans la main toute-
« puissante du divin auteur de la foi, il espère que
« Dieu mettra une digue au désir immodéré de se
« soustraire à toute autorité, et que, par un rayon
« de sa sagesse, il éclairera les esprits de ceux qui
« se flattent d'obtenir le respect pour les lois

« humaines en dehors de la puissance divine. »

Ces paroles d'un illustre cardinal qui depuis a occupé la chaire de Saint Pierre semblent avoir été prononcées hier : elles démontrent mieux que ne le sauraient faire cent phrases longues et sonores toute la bonne volonté du gouvernement et la situation fâcheuse où les circonstances l'ont placé. Le gouvernement attend pour montrer toute sa paternité et toute son indulgente bonté envers ses sujets qu'il ne semble plus forcé, en accordant les réformes qu'on lui demande, de faire abstraction de sa dignité morale, et de plier sous les machinations impies de ses ennemis.

Nous ne croyons donc pas qu'il faille désespérer de l'avenir, parce que le présent cache et dissimule avec soin ses projets et ses promesses : un homme qui a été victime d'injustes spoliations cherche toujours, avant d'améliorer ce qui lui reste, à reconquérir ou à se faire rendre ce qu'il a perdu ; et nous ne pensons pas qu'on puisse logiquement condamner sa conduite, quand le reste est sagement administré et que nul péril n'en menace réellement l'existence. Telle est la position du gouvernement pontifical ; nous allons essayer de le démontrer.

Sans nous occuper donc de ce qui pourrait être et de ce qui sera réellement, quand l'heure et le jour seront venus, voyons ce qui est et ce qui existe actuellement,

Dans les États de l'Église, avant Grégoire XVI, dont nous avons déjà cité l'heureuse initiative, le régime légal, c'était l'ancien dr t romain : on suivait les vieilles coutumes des Instituts de Justinien, accommodées, d'après des édits et des ordonnances papales, aux besoins les plus urgents des mœurs et de la civilisation actuelles. De là maints abus, maintes tyrannies, maintes choses fâcheuses ; c'était le régime de l'arbitraire. Le droit romain, dont les commentateurs, jurisconsultes et prudents, avaient déjà presque changé la nature et l'essence sous les Empereurs, était devenu, avec ce mélange de coutumes féodales, de lois Impériales et de rescrits Pontificaux, un amas de lois informes que chacun pouvait interpréter à sa guise ; de là toutes les conséquences déplorables qu'entraîne l'absence de Codes : instabilité des fortunes, erreurs dans la propriété, etc. Il n'en est plus ainsi de nos jours. Le droit de Justinien forme bien encore la base de la législation, ce qu'on appelle à Rome *le droit commun :* mais tous les intérêts essentiels, toutes les choses importantes sont réglées et décidées d'avance : les États Romains possèdent un Code civil analogue à celui qui régit la France.

La réforme qui fit succéder ainsi, en 1834, par la promulgation de ce *Règlement civil,* la clarté et la règle à l'obscurité et à l'arbitraire le plus complet, avait été précédée également d'un règlement du cardinal Consalvi, promulgué en juin 1821, qui statue sur les affaires de commerce. Ce règlement, c'est le Code de commerce français avec des modifications insignifiantes. On y retrouve les mêmes prescriptions; les mêmes indications sur les sociétés, les bourses, le commerce maritime, la faillite, la banqueroute.

Pour un gouvernement qu'on accuse de tant de côtés d'être *rétrograde* et *réactionnaire* (ce sont les mots qu'on emploie le plus volontiers aujourd'hui), cette promulgation, dès 1821, du Code de commerce français, nous semble non-seulement une initiative généreuse et progressive, mais encore un acte de bonne politique et d'excellente administration. En un mot la promulgation, avant tout autre, de ce Code dans les États pontificaux, nous semble prouver d'une manière péremptoire les lumières et la bien-veillante sollicitude du Gouvernement du Saint-Père. Une chose en effet manque complétement à Rome ; et quand nous disons à Rome seulement, c'est par pure complaisance pour le reste de l'Italie méridio-nale où les choses se passent absolument de même : cette chose, c'est le commerce et l'industrie. Excepté ce que les Italiens appellent les beaux-arts (*I Belle arti*), Rome ne produit rien, absolument rien; on ne cultive même pas les terres, malgré les encoura-gements promis à plusieurs reprises par différents papes aux défricheurs (1), et la campagne qu'on

(1) Clément VII permit dès le xvi⁰ siècle (1524-1534) l'expor-

ne cultive pas, sous le prétexte qu'elle est insalubre, reste par la même raison insalubre parce qu'elle n'est pas cultivée. Le gouvernement avait donc, pour tirer le peuple de cette torpeur et lui inspirer l'esprit des grandes entreprises, qui font, quand elles sont sagement conduites, les grandes nations et les puissances redoutables, plusieurs partis à prendre : encourager l'agriculture qui est la mère nourrice d'un État et sur laquelle reposent toutes les autres opérations industrielles et financières, et protéger le commerce intérieur par des lois libérales et justes. Le gouvernement a su faire cela : il a fait plus encore. Pour donner au commerce naissant de ses administrés le temps de prendre assez de force et de vigueur pour ne plus avoir à redouter la con—

tation des grains dès que le prix s'en abaisserait au-dessous de certaines limites.

Pie VI (1775-1800) soumit à un assolement régulier et obligatoire toutes les terres de l'Agro Romano.

Pie VII (1800-1823) abolit le droit de parcours dans les terrains enclos et multiplia les primes pour l'agriculture : 5 centimes pour chaque nouveau pied d'arbre; 4 francs pour chaque nouvel hectare ensemencé; 160 francs pour chaque nouveau puits; 1,387 francs pour chaque maison neuve; il envoya en outre des plans de maisons rustiques, recommanda de les agglomérer, promit des églises, des presbytères, etc., etc.....

Pie IX suit également l'exemple de ses prédécesseurs; les plantations sont surtout encouragées : 500,000 pieds d'arbres utiles ont été primés depuis 1850; les efforts généreux de tous ces saints Pontifes échouent devant l'incurie des habitants.

currence étrangère, il a forcé les droits d'entrée et surchargé les droits de douane qui frappent les produits exotiques : c'était, et c'est encore aujourd'hui, dans l'état de commerce à Rome, agir avec prudence et sagesse. Qu'une grande nation, comme la France, sûre d'elle-même et forte de tous les avantages qu'ont procurés à son commerce de longues prohibitions et un long exercice, vienne convier les nations rivales à entrer en ligne avec elle ; rien de mieux : la concurrence est possible entre égaux ; elle excite l'émulation, et l'émulation enfante des merveilles. Mais il n'en est pas ainsi à Rome ; il ne s'agit pas de réveiller et de stimuler l'ardeur de combattants endormis sous les lauriers du triomphe ; il faut tout simplement créer et former ces combattants.

Nous avons montré ce qu'on devait faire pour cela ; le gouvernement l'a fait ; et comme le besoin était le plus pressant, il a commencé par là. Qu'on lui en sache donc gré : c'est dans les actes du passé que se trouvent le plus sûrement des gages pour l'avenir.

Le Code de commerce, promulgué en 1821, en est un des plus certains et des plus rassurants. Que maintenant le résultat obtenu n'ait pas répondu aux efforts du gouvernement ; que tous les bons vouloirs du Souverain soient venus se briser devant la force d'inertie de la population, c'est ce que nous n'avons pas à examiner dans cette étude qui n'est point faite sur le caractère et sur le peuple italiens. Nous citons les faits, nous ne les commentons pas.

Après avoir réglementé les intérêts commerciaux, et avant même la promulgation du Code civil, il avait paru nécessaire d'édicter un ensemble de peines plus complet que les *Bandi generali* et les autres règlements de détail, qui avaient alors force de loi : c'est ce que fit tout d'abord, sous le même pontificat de Grégoire XVI, le cardinal Bernetti, secrétaire d'État, qui promulgua le 20 septembre 1832 *le Règlement sur les délits et les peines.*

Ce Code criminel, le point capital, parce qu'il est le plus souvent commenté et discuté, de la législation des États romains, n'est encore qu'une reproduction du Code pénal français, complétée avec des emprunts faits au Code pénal autrichien ; aussi trouverons-nous quelques différences notables, sur lesquelles nous avons dessein d'insister. Mais une remarque que nous pouvons faire d'avance et qui a son utilité pratique, c'est que les principaux changements et les principales modifications apportées au Code français dans le Code romain ne sont que des améliorations de notre Code même, puisque parmi les principales, il en est quelques-unes des plus importantes qui sont demandées à titre de réformes par quelques-uns des principaux criminalistes français.

Indépendamment des différents Codes ou Règlements que nous avons énumérés jusqu'ici et qui forment la base de la législation romaine, il est encore une grande quantité d'édits, qui furent rendus sous différents papes, même des plus anciens, et qui sont actuellement en vigueur. De même, en France, où la révolution de 89 a détruit tant de vestiges du passé, il reste encore certaines vieilles ordonnances qui, soit pour les services administratifs, soit dans le Code militaire, soit même pour les matières civiles, ont force de lois (*déc.* 1607, *édit sur l'alignement ; août* 1669, *édit sur la police des eaux ; mars* 1768, *ordonnance sur le service des places, etc.*) ; de même, certaines vieilles coutumes règlent encore certains cas particuliers dans les États de l'Église et complètent les lois nouvelles.

L'étude de tous ces règlements qui ne visent que des détails et des affaires spéciales, nous conduirait trop loin et nous entraînerait hors des limites modestes et restreints du cadre de cette étude. Nous nous bornerons donc à parler dans les chapitres qui vont suivre du Code civil, du Code criminel, du système des impôts et enfin de l'administration de la justice ; et nous ne nous occuperons ni du Code de commerce ni des Codes et règlements ecclésiastiques.

Le commerce ne s'exerçant un peu à Rome que sur les denrées alimentaires et les produits usuels ; toute l'industrie des marchands Romains consistant à n'être que les entrepositaires au moyen desquels les étrangers viennent écouler ici leurs produits, il nous semble qu'une étude sur le Code de commerce n'offrirait au lecteur que l'attrait d'une curiosité sans but et sans effet, puisque ce Code ne réglemente que ce qui pourrait être ou plutôt ce qui sera ; or nous n'avons pas à nous occuper de l'avenir ; c'est bien assez d'essayer de connaître le présent.

Quant aux règlements ecclésiastiques, comme ces lois forment une législation d'exception, qui ne s'adresse qu'à des personnes d'exception, nous ne pensons pas que ce soit notre but que de critiquer ou même d'examiner simplement les règles en vigueur dans les abbayes et les monastères. L'intérêt des populations, le soin des familles et la conservation des fortunes ne sont pas en jeu ni en péril, parce que tel ou tel ordre a des lois plus ou moins sévères pour punir ceux de ses membres qui enfreignent leurs serments ou manquent à leurs devoirs ; parce que tel tribunal punit avec une plus ou moins grande sévérité les fautes ou les désordres d'une certaine partie, désignée et classée de la population. Il en serait absolument de même, en France, si, pour parler des lois du pays, un jurisconsulte allait se mettre à étudier spécialement le Code militaire, par exemple. Que si les lois ecclésiastiques sont cruelles, barbares même, nous ne pensons pas que cela puisse donner lieu à la critique ; le prêtre en entrant dans les ordres sait ce qu'il fait, sait à quoi il s'expose; personne ne le contraint à embrasser une carrière dont la vertu et la sagesse doivent être les premiers éléments; il obéit à une vocation et non à une nécessité; il s'attend à tous les sacrifices, à tous les combats, et il les accepte. Les lois qui doivent le punir, il les choisit pour ainsi dire. En France, le soldat qu'on soumet à un Code et à une juridiction spéciales, n'accepte tout cela et n'est passible de toutes ces peines d'exception que parce qu'il a pris, les yeux fermés, dans une urne, tel ou tel numéro. Et cependant personne n'accuse nos Codes militaires d'injustice ou d'abus; personne n'a jamais cherché à trouver dans la sévérité de ces lois une arme contre la justice du gouvernement. C'est que ces Codes ne sont que des règles de discipline et ne forment en rien la base de notre législation. Il en doit être de même à Rome; le gouvernement clérical doit être le maître de réglementer à sa guise la milice cléricale; cela fait, pour ainsi dire, partie de ses attributions spirituelles; et nous ne voulons examiner que la manière dont il se sert de ses armes temporelles pour gouverner ses sujets laïques, pour gouverner le peuple romain, en un mot. Que les ennemis de la religion catholique, à laquelle nous nous faisons gloire d'appartenir, cherchent par tous les moyens possibles, bons ou mauvais, sérieux ou ridicules, à attaquer cette religion et à l'avilir, c'est leur pouvoir, si ce n'est leur droit ; pour nous, quel que soit notre désir de les confondre, notre conscience s'oppose à ce que nous les suivions sur ce terrain ; il nous reste, en nous renfermant dans les limites purement juridiques que nous avons indiquées plus haut, une assez belle route à parcourir, une assez noble tâche à remplir ; l'excellence de notre sujet nous fait espérer que nos forces ne nous trahiront pas !

Rome, décembre 1861.

PREMIÈRE PARTIE.

—

DE LA LÉGISLATION EN GÉNÉRAL.

CHAPITRE PREMIER.

LOIS CIVILES.

Avant de commencer d'une manière particulière
l'étude du Code civil romain, il faut se rappeler que
ce Code n'est à proprement parler qu'un « *Règlement
législatif et judiciaire,* » susceptible d'améliorations
et de perfectionnements. Quand Grégoire XVI le
publia, il ne voulut que rétablir d'une façon constante
et immuable les principes et la base de la législation
de ses États.

L'administration de la justice à Rome avait été
profondément ébranlée par les deux révolutions
gouvernementales qui s'étaient succédé si brusquement et à si peu de distance l'une de l'autre,
dans ce pays, depuis le commencement du siècle.
Rome, conquise par la France et réduite au rôle
obscur de chef-lieu du département du Tibre, avait
joui pendant une période de cinq années (1809-

1814) des lois de l'empire français et s'était vue soumise à toutes les règles du Code civil, qui avait laissé des traces profondes dans les esprits de la population. A la chute de l'empereur, elle était retombée sans transition dans tout le fatras de ses anciennes lois, et les souvenirs récents de nos Codes mêlés aux souvenirs lointains des lois pontificales, avaient introduit dans la jurisprudence un désordre facile à comprendre. Dès 1821, le pape Pie VII avait essayé de remédier à ce fâcheux état de choses par la promulgation d'un Code de commerce et d'un Code de procédure civile ; mais ses réformes étaient incomplètes et n'avaient pas produit l'effet qu'on en pouvait attendre.

Il était réservé au pape Grégoire XVI, « âme admirablement élevée, pleine d'une grandeur royale, soutenu par l'humble foi d'un cénobite, » de tenter et d'accomplir l'achèvement de ces importantes réformes (1).

Un des premiers soins, en effet, du pape Grégoire XVI, fut, en montant sur le trône pontifical, *« de faire droit aux vœux universels, en organisant « tout le système de la législation civile, et de faire « sur les bases du Code de procédure de son prédé- « cesseur une nouvelle compilation des lois judiciaires, « supprimant tout ce qui était inutile et ajoutant tout « ce qui pourrait rendre plus expéditif le cours des « affaires (2). »*

----

(1) Ce pape créa en outre *la caisse d'épargne*, porta *le subside des travaux publics* à la somme de 180 000 francs, et fonda l'admirable musée Grégorien au Vatican.

(2) *Motu proprio* de Grégoire XVI. Les passages qui suivent, en lettres italiques, sont également tirés de cette admirable Introduction au Code civil.

Persuadé qu'une bonne législation judiciaire doit toujours, d'une part, laisser une large voie à l'initiative des esprits, et de l'autre, ne jamais tolérer les lacunes qui ne servent qu'à alimenter les chicanes de palais, il voulut « *que tous les tribunaux de l'État* « *pontifical, par l'organe de leurs chefs ou de leurs* « *présidents, lui exposassent leurs doutes, leurs in-* « *certitudes, et, en même temps, lui proposassent les* « *réformes ou les améliorations qu'ils pensaient utiles* « *ou nécessaires dans le système de la procédure ci-* « *vile* (1). » De cette façon, le Saint-Père pensait, en s'entourant de plus de lumières, prévoir d'une manière plus complète et régler d'avance d'une manière plus conforme aux vœux de tous, chacun des cas qui pourraient se présenter; il espérait en outre « *supprimer ainsi toute voie à l'arbitraire, ce qui est* « *le comble du mal dans l'administration de la jus-* « *tice,* » et réaliser le vœu de Pie VII qui croyait « *que les meilleures lois étaient celles qui laissent le* « *moins à l'initiative des juges, sans jamais violenter* « *leur conscience; et les meilleurs juges, ceux qui se*

---

(1) Nous rappellerons à ce sujet que les Codes criminels français ne furent promulgués que sous cette même réserve. Le premier consul n'ignorait pas que toute bonne législation doit toujours être en rapport avec les besoins ou les intérêts nouveaux des populations; aussi posa-t-il, par un décret du 5 nivôse an X, le principe du perfectionnement graduel et indéfini : *chaque année*, le tribunal de cassation devait, par l'organe d'une commission de douze membres choisis dans son sein, *présenter aux consuls, en conseil d'État, les ministres présents, le tableau des parties de la législation dont l'expérience aurait fait reconnaître les vices ou l'insuffisance.*

Cette même disposition se trouve reproduite dans le Code pénal espagnol, art. 2.

« *laissaient guider le moins possible par leurs seules*
« *lumières.* »

Telle fut l'idée fondamentale qui présida à la confection de ce Code : régler les bases de la justice et les principaux intérêts des particuliers, supprimer l'arbitraire dans les lois et accélérer la marche de la procédure; laisser enfin une large part à l'action des magistrats pour signaler et faire remplir les lacunes.

Voyons maintenant si, et au moyen de quelles lois, ce but a été atteint.

Le Code civil, qui régit actuellement les États romains, se ressent évidemment de l'occupation française qui eut lieu sous Napoléon Ier. Sans être la copie de nos lois, ce Code nous a emprunté les prinpales de ses dispositions en les accommodant à la nature et aux besoins des populations romaines. Mais nous nous empressons d'ajouter qu'il est loin d'être aussi complet que notre Code civil.

Bien des actes qui sont réglementés avec tant de soin par nos lois, ne sont pas mentionnés dans ce Règlement; les lois du droit commun continuent à être en vigueur, modifiées par le droit canon et les Constitutions Apostoliques (nous avons expliqué que le droit commun, c'était le Code de Justinien), pour tous les cas qui peuvent se présenter en dehors de ceux qui sont prévus et décidés par le règlement civil.

Ces cas, nous les ferons connaître sommairement et nous expliquerons, à la fin du présent chapitre, les causes qui ont dû les faire passer sous silence.

Quant à présent, nous aimons mieux signaler tout d'abord la différence fondamentale qui sépare la législation civile romaine de celle qui régit la

France. Cette différence, qui tient à l'essence même de la société romaine et qui la constitue, pour ainsi dire, sur laquelle repose la plupart des fortunes des particuliers et presque aussi l'organisation politique du pays, c'est la possibilité de constituer des fidéicommis, des majorats et des droits d'aînesse.

I.

L'art. 38 du Règlement civil s'exprime ainsi : « Qui-
« conque a la libre faculté de disposer de ses biens,
« pourra créer des fidéicommis, des droits d'aînesse,
« des majorats, ou autres institutions fidéicommis-
« saires, divisibles ou indivisibles, tant par acte
« entre-vifs que par testament ou par tout autre
« acte de dernière volonté. » Mais toutes ces dispositions ne peuvent être prises, en règle générale,
qu'au sujet des biens immobiliers qui sont suscep-
tibles d'être grevés d'hypothèques, et qui se trouvent,
au moment de la mort, dans le patrimoine du défunt ; néanmoins elles peuvent même l'être encore,
au sujet des biens qui peuvent être acquis, après la
mort du testateur, par telle cause que ce soit, quand
cela a été spécialement ordonné par lui. Indépendamment des biens immobiliers que nous venons de
spécifier, la loi permet encore de soumettre à la
charge de la restitution les statues, les peintures,
les monuments antiques, les collections d'instruments scientifiques, les bibliothèques, les bijoux, les
joyaux, les pierres précieuses, l'orfévrerie d'or et

d'argent qui se trouvent dans le patrimoine, et qui forment souvent aussi la fortune du défunt : néanmoins il faut que les bijoux, joyaux et l'argenterie aient une valeur supérieure à 3,000 écus (16,050 fr.) pour pouvoir former à eux seuls l'objet d'une disposition fidéicommissaire. Quant aux biens immobiliers, la même prescription et la même défense n'existent pas ; la substitution est toujours valable, quelle qu'en soit la valeur.

« La marche et la durée des substitutions n'ont « d'autres limites que celles qui sont instituées par « les testateurs eux-mêmes. » (Art. 48.)

En rétablissant d'une manière aussi complète et aussi formelle un privilége que les lois françaises avaient si considérablement réduit et transformé pendant toute la durée de l'incorporation de Rome à l'Empire, il fallait évidemment user de certaines précautions et mettre certains freins à la réaction inévitable qui devait se manifester, de façon à ce que l'équilibre des fortunes, à cause du revirement produit par les idées nouvelles, ne se trouvât pas trop profondément ébranlé ou même détruit : on se fait vite à l'idée de l'égalité dans le partage des successions, et l'on ne comprend guère au premier abord que la loi puisse autoriser le dépouillement de tous au profit de l'intérêt d'un seul. Il fallait donc de grandes précautions, et le pape Grégoire XVI les a prises.

Deux écueils étaient à éviter, deux périls étaient à combattre : la mauvaise foi des fidéicommissaires, trop souvent tentés de dénaturer le fidéicommis, de le laisser se détériorer ou de le détourner à leur profit ; l'ignorance où les tiers pouvaient se trouver au sujet de la nature des biens soumis à la restitution dans leurs rapports avec les propriétaires apparents.

Or, pour qu'un fidéicommis à titre universel ou particulier puisse exister, il faut que dans l'acte qui le constitue soit formulée une désignation suffisante et spéciale de tous les biens qui doivent former le fidéicommis, et cet inventaire doit être joint aux actes entre-vifs aussi bien qu'aux actes de dernière volonté. De plus, quand il s'agit d'une collection d'instruments scientifiques ou d'objets rares et précieux, il faut encore l'autorisation du cardinal Camerlingue *pro tempore*, et celui-ci peut ne la donner qu'avec tel cautionnement ou telle pénalité qu'il lui plaira d'imposer au donataire pour assurer l'intégrité et l'identité des objets dont la collection se compose. A défaut de ces inventaires, avec ou sans autorisation, dans le cas spécifié, le fidéicommis est considéré comme nul et l'héritage entier passe libre de toutes charges au plus proche appelé. Établir ces prescriptions et formuler ces défenses, n'était que compléter par la loi les intentions du testateur; car c'était assurer l'intégrité et la sûreté des choses auxquelles le défunt tenait le plus et qu'il n'avait données, la plupart du temps en fidéicommis, que dans la crainte qu'un jour elles ne se trouvassent dispersées ou détruites.

La loi, en établissant ces règles, ne visait donc que des intérêts particuliers, pour ainsi dire ; mais il fallait surtout aussi qu'elle s'occupât de l'intérêt général, bien autrement exposé dans une pareille matière.

De cette nécessité découlent les nombreuses conditions de publicité auxquelles sont soumises les institutions fidéicommissaires.

Dès qu'un bien est soumis à la charge d'une restitution, la déclaration doit en être portée, dans un délai de deux mois, par le premier héritier chargé du fidéicommis, au bureau des hypothèques de l'arrondissement où les biens sont situés. Cette déclaration doit être renouvelée chaque fois que les biens changent de mains par le nouveau propriétaire fidéicommissaire : faute de quoi, quiconque a intérêt dans la conservation du fidéicommis peut faire au tribunal une demande tendant à faire nommer un administrateur aux biens, pour que le fidéicommis ne périclite pas.

D'un autre côté, quoique les immeubles donnés au fidéicommis se trouvent, par cela même, retirés de la circulation, et ne forment plus le gage des créanciers de l'individu qui les possède, la déclaration de la mise en fidéicommis, faite au sujet d'une propriété, ne portera pas préjudice aux hypothèques déjà inscrites et ne les éteindra pas, quant à leur effet.

Telles sont les prescriptions que la loi ordonne pour obvier aux dangers que nous avions signalés. Peut-être nous sommes-nous étendu trop longuement sur l'organisation des fidéicommis à Rome, sur la manière dont on les constitue, sur les formalités auxquelles leur établissement est soumis. C'est qu'en montrant les précautions prises, et les règles établies, nous répondions d'avance aux principaux reproches qu'on a faits contre cette institution, reproches qui ont prévalu dans notre législation et qui ont paru si bien fondés qu'ils ont fait rejeter les fidéicommis de nos lois.

Donc, avant de condamner tout d'abord cette institution et d'adopter sans examen les prohibitions de notre Code civil, comme on adopte aujourd'hui sans contrôle et en les admirant même, s'ils réussissent, les faits accomplis, il nous semble qu'on doit se placer un peu au point de vue du pays pour lequel les lois sont édictées. Lorsqu'en France le Tribunat discutait, sous la présidence du premier Consul, tous les articles de nos lois et s'occupait à rédiger ce monument impérissable que toutes les nations étrangères ont imité après nous, le pays sortait d'une révolution qui avait non-seulement aboli *tous* les priviléges, mais encore qui avait poussé l'enthousiasme dans les esprits à ce point que les privilégiés eux-mêmes, emportés par l'élan de la population, avaient abdiqué de leur propre mouvement et rejeté avec une noble générosité tout ce qu'ils pensaient devoir gêner l'essor des idées nouvelles. Le privilége régnait depuis si longtemps en France, partout, et en toutes choses, depuis le plus petit jusqu'au plus grand, qu'on en était également fatigué de part et d'autre ; il fallait de l'égalité à tout prix en tout et partout, afin que le changement fût plus radical et plus complet : on entendait depuis si longtemps appeler Aristide *le juste*, qu'il fallait l'exiler. Or cette effervescence de générosité et d'abandon n'était pas tout à fait calmée au moment de la confection de notre Code ; et les législateurs eussent été contre les tendances générales de la nation en rétablissant tout d'un coup quelques-uns d'entre ces priviléges proscrits, le droit d'aînesse, par exemple : ce fut bien assez de rétablir plus tard les majorats.

Il en fut et il en est actuellement tout à fait autrement en Italie ; une révolution intérieure n'a pas encore, à Rome, bouleversé de fond en comble tout l'ancien édifice de la société ; supprimer les priviléges particuliers dont nous parlons serait faire, maladroitement à notre sens, une réforme hors de propos.

Le grand motif qui rendait inévitable, en 1789, la révolution française, c'étaient les différences iniques qui séparaient le peuple de la noblesse, différences qui pesaient injustement sur la partie la plus nombreuse et la plus intéressante de la population et qui motivèrent le mot fameux de Sieyès : « Qu'est-ce que le tiers état ? Tout. Qu'est-il ? Rien. Que veut-il être? Quelque chose. » Le tiers état existait ; il possédait, il agissait, il pensait, il avait donc le droit d'être quelqu'un et quelque chose, c'est-à-dire d'être reconnu par la loi et d'avoir sa part dans les affaires. A Rome, le tiers état, quoiqu'il n'existe pas encore à proprement parler, est reconnu par la loi et apte à tout. Il n'a donc, à cause de l'existence d'un privilége dont il peut jouir aussi, ni rien à perdre ni rien à gagner. La société romaine se compose de deux classes bien distinctes, mais parfaitement égales en droit (1) et qui n'ont entre elles

---

(1) « Le presenti leggi obbligano *tutti* gli abitanti nello Stato Pontificio, mediatamente o immediatamente soggetti alla Santa Sede. »

— « Non dispensa dalla pena *nè la condizione*, nè il sesso. »

(Code criminel, art. 1-2).

aucun rapport et aucune affinité : les patriciens et le peuple. Ajoutez aux patriciens les quelques individus qu'on nomme *les marchands de campagne* et qui s'empressent d'entrer dans les rangs des patriciens dès que leur fortune leur permet d'acheter une seigneurie, et vous aurez tous les propriétaires fonciers, tous les gens qui possèdent et sont quelque chose ; le reste n'est rien et n'a rien, mais il peut être et avoir quelque chose ; toute la question est là.

. L'existence des fidéicommis ne rentre donc pas dans la catégorie des priviléges réservés à quelques-uns, comme on pourrait le croire au premier abord, en n'examinant que la surface des choses. Comme il faut absolument qu'un fidéicommis ait pour base une fortune, et même une fortune réglementée, dans certains cas, ainsi que nous l'avons vu, il ne pèse généralement que sur les biens de l'une des deux classes de la population qui seule peut en faire usage, puisque, seule, elle en a les moyens ; mais ce n'est pas à dire pour cela que des lois prohibitives viennent limiter à elle seule l'exercice de ce droit. Quand donc le commerce, l'industrie, les entreprises financières, et tous les autres moyens en un mot de faire fortune auront enfin pris à Rome, comme chez toutes les autres nations de l'Europe, l'essor qu'on est en droit d'attendre du peuple romain avec les ressources dont il dispose, la possibilité du fidéicommis s'étendra sur tous indistinctement, et l'on pourra alors examiner et critiquer les résultats obtenus.

Nous croyons, nous qui voyons en France les conséquences du système contraire, qu'on ne peut attendre que du bien d'une semblable institution sagement réglementée, comme elle l'est par les lois romaines. Lorsque le danger de tromper les tiers est écarté, par un système de publicité largement constitué, usant de la voie de la presse et des registres toujours ouverts et publics du conservateur des hypothèques, lorsque chacun est à même, avant de s'engager avec autrui, de s'assurer si les biens dont celui-ci est le possesseur sont réellement ou non sa propriété libre de toutes charges, nous croyons que l'établissement des fidéicommis ne fait que prévenir des situations inextricables et empêcher des chutes profondes. Quiconque ne peut hypothéquer les biens qu'il a entre les mains, n'emprunte pas et administre sagement sa fortune. En l'administrant sagement, il la conserve et l'améliore ; en l'améliorant, il rend le pays prospère ; car il retire de ses terres, par une culture bien entendue et plus large, un plus grand profit que le petit propriétaire qui ne peut disposer, à cause de ses petites ressources, que de petits moyens.

Au point de vue politique, d'autre part, la réunion de ces grands capitaux et de ces grandes fortunes qui se transmettent intacts de main en main fait la grandeur du pays et la richesse de tous. Il ne faudrait pas croire en effet que la division excessive des fortunes, telle qu'elle se pratique de nos jours, en France, soit un bonheur pour tous et comme le sommet de la perfection gouvernementale. Plus la fortune est divisée et plus chacun s'enrichit ; plus les désirs et les besoins augmentent, et les besoins et les désirs augmentant beaucoup plus rapidement que les moyens dont chacun peut disposer, la gêne survient,

et avec elle le mécontentement et la ruine. L'enché-
rissement extrême qui se manifeste actuellement
parmi nous, en France, n'est qu'une hausse factice
qui vient du nombre exagéré des demandes. Comme
chacun peut avoir quelque chose, chez nous, et par
contre se procurer le nécessaire, le besoin du su-
perflu se fait immédiatement sentir ; de là, la rareté
des produits devant l'encombrement des demandes ;
et, de là aussi leur cherté ; de là enfin, tant d'entreprises hasardeuses et de chutes éclatantes.

Augmenter, c'est le but que chacun poursuit
parmi nous; acquérir ou conserver, c'est un but
qui laisse à l'homme toute son initiative et qui
oblige sà conscience, et c'est celui qu'on poursuit à
Rome.

Les uns, pour conserver, fondent, créent ou amé-
liorent : tel banquier fait réparer à ses frais un
théâtre ; tel prince bâtit des hospices, des salles
d'asile, des écoles pour les enfants pauvres, des
hôpitaux pour les fous et les incurables ; tel autre
enfin fait édifier dans son palais une galerie pour y
réunir les chefs-d'œuvre de la peinture ou de la
sculpture, antique ou moderne. Comme il dispose de
grandes ressources que lui ont transmises ses an-
cêtres, comme lui-même a la certitude que le fruit
de tant de peines et de recherches ne sera pas un
jour, le lendemain de sa mort, peut-être, dispersé
dans tous les coins, emporté par tous les vents, il se
plaît à protéger les arts qui font la gloire des nations,
à développer par la certitude de la récompense
l'étude du beau qui fait les grandes œuvres et qui
inspire les grandes pensées. C'est grâce aux fidéi-

commis qu'on voit, à Rome, la plus admirable réunion des chefs-d'œuvre qu'une imagination humaine
puisse rêver; ce sont eux qui ont fait Michel-Ange,
Raphaël et tous les grands artistes, car eux seuls
ont donné les moyens de récompenser d'une manière
digne de si grands travaux et de si grands génies. Ce
sont eux aussi qui ont permis de réunir ces belles
collections d'antiquités si précieuses; ce sont eux
enfin qui en protégent et en garantissent l'existence
pour la plus grande satisfaction de tous ceux qui sen-
tent vibrer dans leur cœur l'amour des grandes et
belles choses !

Voilà ce que peuvent faire les heureux du sort et
les privilégiés de la fortune; voilà pour ceux qui
n'ont qu'à conserver. Quant aux autres pour qui il
faut acquérir, avec ce régime qui peut donner tout
aux premiers et laisser les seconds seuls avec leurs
propres ressources, c'est chez ceux-là, qui se
trouvent parfois aux prises avec la dure nécessité, que se révèlent les grands dévouements et
les hautes intelligences. En Angleterre, ces ca-
dets de famille, déshérités, qui n'avaient rien, ont
conquis les Indes; à Rome, ce sont eux qui vont
porter le nom du Christ jusqu'aux confins du monde
et qui, bravant les périls et les misères, vont im-
planter partout les préceptes divins de la religion
chrétienne et porter avec elle, chez les nations encore
barbares, le respect et l'influence des peuples de
l'Occident; ce sont eux qui régénèrent et qui amé-
liorent, qui continuent, en un mot, la grande œuvre
civilisatrice du christianisme. Autrefois il fallait renouveler la société et contenir les barbares; aujour-

d'hui il ne faut plus que ramener au vrai quelques esprits égarés ou convertir des incrédules ; mais c'est toujours une noble et belle tâche, dont les missionnaires romains de la *Propaganda Fide* peuvent se contenter et dont ils ont su se faire une gloire à laquelle ils ne failliront pas !

En résumé, nous croyons que les fidéicommis, sagement réglés, sont une institution utile et profitable à la grandeur d'un État, et nous pensons qu'à Rome particulièrement, ils sont d'une absolue nécessité : le législateur de 1834 a donc bien fait de les y maintenir et de les organiser.

II.

Une des conséquences presque forcées d'un pareil régime eût été, selon nous, la conservation et le maintien d'une hérédité privilégiée dans les successions *ab intestat* : il n'en est rien cependant.

Au reste, ces sortes de successions sont fort rares à Rome : les Romains de nos jours cherchent par tous les moyens possibles et par leurs noms mêmes à se rattacher aux anciennes familles de la Rome antique : nous pourrions citer plusieurs familles comtemporaines qui font remonter leur origine les unes jusqu'à César, les autres jusqu'à Fabius Cunctator. Aussi, quoique les mœurs de la Rome des empereurs se soient, heureusement, beaucoup modifiées, il est encore certaines coutumes, certains souvenirs dont on n'a pas perdu la mémoire et qui sont conservés avec soin par les vrais Romains de la Rome moderne : nous voulons parler par exemple de l'usage de faire des testaments. De même qu'au temps de Cicéron et des grands jurisconsultes, un patricien n'eût jamais manqué de désigner et d'instituer son héritier avant de mourir, de même de nos jours peu de Romains, possédant quelque fortune, négligent de régler d'avance dans un testament la manière dont leur héritage sera partagé.

Or les formes prescrites pour les testaments et les actes de dernière volonté sont restées celles du droit commun.

Trois sortes de testaments (1) sont en usage à Rome : le testament *olographe ;* le testament *mystique*, que le testateur remet à son notaire, écrit de sa main et cacheté de son sceau, en présence de deux témoins ; le testament *authentique* enfin, que le testateur, ne sachant pas écrire ou se trouvant dans l'impossibilité d'écrire, dicte à un notaire, en présence de *sept* témoins.

Pour que tous ces testaments soient valables, indépendamment des formalités prescrites et signalées ci-dessus, il faut encore que le testateur ait soin de faire un legs dont l'importance n'est pas fixée, à une communauté religieuse, l'archihôpital du Saint-Esprit, par exemple, et un autre au lieu de sa sépulture (c'est-à-dire à l'église, car, à Rome, il n'y

---

(1) Nous ne parlons pas des testaments des militaires ou bien des paysans qui habitent des villages où ne se trouvent pas de notaires; ils sont réglementés d'une manière analogue à celle qui régit ces mêmes testaments en France, par des ordonnances spéciales; *forma : del cap. cum esses, del cap. relatum*, etc.

a qu'un seul cimetière, celui de *San-Lorenzo fuori-delle-Mura*, où l'on n'enterre que les pauvres ; tous les gens riches se font inhumer dans les églises).

Une autre règle, encore plus importante et qui implique la validité des testaments, c'est la conservation de la part *légitime*, réservée également aux ascendants et aux descendants. Cette part est ainsi fixée : au quart de l'hérédité entière, s'il y a trois enfants mâles, ou un nombre inférieur, et au tiers quand les enfants mâles sont plus de trois : en d'autres termes, l'hérédité, étant divisée fictivement en douze parties qu'on appelle *onces*, trois onces de l'hérédité dans le premier cas et quatre, dans le second, forment la part légitime ; pour les ascendants, nous l'indiquerons plus tard.

Nous insistons à dessein sur cette réserve qui est directement contraire au principe de l'exhérédation des enfants que l'ancien droit romain admettait sans contrôle, et nous la signalons, comme un des nombreux progrès, comme une des nombreuses améliorations que les papes surent, avant toute initiative venue du dehors, introduire dans la législation de leurs États, conformément aux principes de la saine justice et de la vraie morale. Cette réserve, en effet, ne date pas du Code de Grégoire XVI, elle lui est bien antérieure. Ce Code même n'en parle que comme une des institutions du droit commun, qu'il cite simplement sans la réglementer. Les droits des enfants sur l'héritage de leur père étaient donc assurés, à Rome, avant toute réforme judiciaire.

Pour faire respecter ces dispositions et obliger les testateurs à se conformer aux prescriptions de la loi, il fallait une sanction et une pénalité : en France, l'annulation d'un testament est demandée tout simplement au tribunal de première instance ; à Rome, on n'a pas cru devoir laisser à l'appréciation d'un tribunal ordinaire l'examen de la validité d'un acte aussi considérable : le testament, c'est la dernière expression de la volonté d'un homme, c'est le résumé des actes de sa vie, c'est ce qu'au moment de paraître devant le souverain juge, il a cru devoir établir pour le bonheur des siens ; il fallait donc une autorité supérieure à tout autre, et qui les primât toutes par son caractère et sa nature, pour juger de la validité d'un pareil acte : aussi est-ce le Pape seul qui a le pouvoir de *modifier* ou *d'annuler* les testaments.

Revenons maintenant aux cas assez rares où un Romain meurt sans avoir réglé la succession, et voyons par quelles dispositions concordantes au principe qui avait fait admettre parmi les lois fondamentales de l'État les fidéicommis et les majorats, le législateur a su pourvoir à la négligence ou à l'oubli du défunt.

Ce principe qui est le maintien intégral, autant que possible, de tout le patrimoine du défunt, a été formulé dans les art. 9 et 10 du Code qui s'expriment ainsi : « *Dans la ligne directe descendante,* « *les enfants mâles ou autres descendants mâles ex-* « *cluront toujours de la succession* ab intestat *du* « *père, du grand-père ou d'un autre ascendant mâle* « *de la parenté paternelle* (agnazione) *les femmes et* « *leurs parents, encore égales ou plus proches en de-* « *gré.* » (Art. 9.)

« *Dans la ligne directe ascendante, alors qu'il s'a-*
« *gira de succéder à l'hérédité* ab intestat *d'un enfant,*
« *petit-enfant ou autre descendant mâle d'un mâle,*
« *le père, le grand-père paternel ou un autre ascen-*
« *dant mâle excluront les ascendants de l'autre*
« *sexe même les plus proches en degré.* » (Art. 10).

La mère seule peut être préférée, dans la succession de son fils, lorsque le père est mort; au grand-père ou à un ascendant mâle plus éloigné ; mais encore n'est-elle appelée dans cette succession qu'en concurrence avec les frères germains ou consanguins du défunt. (*Sénatus-Consulte Tertullien*).

D'un autre côté, dans l'hérédité *ab intestat* des femmes, les filles, petites-filles et autres descendants du sexe féminin ne sont jamais exclues ; elles se partagent alors l'hérédité concurremment avec leurs frères ; au cas enfin où le père meurt sans laisser d'enfants mâles, ses filles lui succèdent par portions égales.

La fortune ne se trouve donc partagée également entre tous les enfants, à Rome, que dans deux cas seulement : lorsque le défunt n'a laissé que des filles et lorsque le *de cujus* est la mère elle-même ou un parent du côté maternel; dans toutes les autres circonstances l'hérédité entière passe aux fils qui se la partagent entre eux.

Néanmoins, il eût été d'une souveraine injustice de déshériter entièrement les femmes par cette seule raison qu'elles avaient eu le malheur de naître telles et de les réduire à la misère par le fait seul de la mort *intestate* de leur auteur et de la présence de frères, également enfants du défunt. La loi a donc dû pourvoir aux besoins indispensables de celles des filles du défunt qui n'eussent point encore été mariées ou en âge de l'être au moment de sa mort. Celles-là ont en effet le droit de demander à leurs frères des *aliments*, qui sont réglés d'après le rang et la position de la famille par sentence du juge, ou qu'on fixe à l'amiable à une somme équivalente à l'intérêt de leur dot, tant qu'elles n'ont pas atteint l'âge de vingt-cinq ans; après cet âge, il leur est accordé la faculté de contraindre leur frère à consigner leur dot ou à désigner les fonds sur lesquels elle devra être prise. Pour la sûreté et la conservation de cette dot, due par leurs frères ou les autres héritiers par lesquels elles sont exclues de la succession, les femmes jouissent d'une hypothèque qui leur est accordée par la loi.

Nous ne nous occuperons pas de signaler ici toutes les formes spéciales que la loi indique encore et qui règlent les questions de détail; nous voulons donner simplement dans ce travail un aperçu général de la législation romaine : ce n'est donc pas le lieu de dire quel sera le lieu d'habitation des filles du défunt après sa mort, la façon dont elles pourront vivre lorsqu'elles se trouveront orphelines ou non après la mort de leur père, et les diverses autres prescriptions toutes particulières qui sont spécifiées dans le Titre III du Règlement Civil.

Disons seulement encore que la loi s'occupe de régler la part légitime qui est due à l'aïeule et aux autres ascendants maternels, quand le défunt est mort avec un testament. Cette part est du sixième de l'hérédité quand les héritiers du testateur sont ses frères et sœurs et respectivement les enfants de la même personne; elle est du tiers de tout le patrimoine quand les héritiers institués sont des personnes étrangères à la famille; elle est enfin réglée dans le même ordre que précédemment, mais relativement alors aux parts de chacun, quand les héritiers sont des frères et sœurs ou leurs enfants et des étrangers tous ensemble.

La succession *ab intestat* est donc, ainsi qu'on le voit, réglementée, à Rome, d'une manière toute spéciale qui, tout en admettant l'égalité pour base, divise néanmoins cette égalité d'après le sexe et non d'après la filiation, de façon à conserver intactes les patrimoines de chacun des époux que le mariage avait réunis temporairement; aux fils, tout l'héritage de leur père avec la charge de subvenir aux besoins de leurs sœurs et de les établir, lorsqu'elles seront en âge de l'être; aux filles, tout l'héritage de leur mère, mais avec la charge de partager également avec leurs frères, au lieu de leur payer simplement une certaine part réglementée par la loi.

Ce système, qui peut être discuté, a été évidemment inspiré par un lointain souvenir des différences que l'ancien droit romain établissait entre l'agnation et la cognation, et qui ne sont plus reconnues en France.

Or ces différences continuent encore en partie à être en vigueur à Rome.

Nous nous sommes occupé en effet jusqu'à présent du cas seulement où un testateur meurt en laissant des enfants, ou des parents du degré ascendant direct. Il faut donc voir comment sera réglée la succession du défunt qui ne laissera que des colla-téraux.

C'est ici que se représente la distinction ancienne des agnats et des cognats. Les agnats sont en effet appelés les premiers, et *« ils excluent dans l'hérédité « de leurs collatéraux mâles les femmes et leurs des- « cendants de l'un et de l'autre sexe, quel que soit leur « degré de parenté avec le défunt, jusqu'au troisième « degré inclusivement* (1). » Et pour fixer le degré de parenté, la loi a soin de dire que l'on doit suivre la computation civile qui diffère, comme on sait, de la computation admise par le droit canon.

Ce n'est qu'à défaut d'agnats du troisième degré que la succession passe aux cognats, c'est-à-dire aux parents par les femmes.

Tel est le système adopté pour les successions par le droit romain moderne ; il ne nous reste plus à examiner maintenant que quelques dispositions moins importantes.

III.

Ainsi que nous l'avons dit au commencement de ce chapitre, le pape Grégoire XVI, en publiant le *Codice civile*, avait en vue deux choses : réglementer d'une façon conforme aux besoins nouveaux les intérêts généraux et pour ainsi dire tout modernes des particuliers et surtout organiser l'administration de la justice de manière à supprimer au-

(1) Art. 11 du Règlement civil et judiciaire.

tant que possible les lenteurs dans les procès et les abus dans la procédure.

Or les intérêts généraux des particuliers, c'étaient parmi les modes d'acquérir et de conserver les biens, les successions d'abord, les hypothèques et les priviléges ensuite.

Le Code civil romain règle donc d'une manière toute spéciale et fort détaillée toute la matière des priviléges et des hypothèques : mais ici, au lieu de s'en tenir aux souvenirs et aux règles de l'ancien droit romain, qui eussent été insuffisants, le législateur a pris évidemment pour modèle le Code civil des Français. On retrouve en effet dans cette matière presque toutes les prescriptions de nos Codes sur la nature des priviléges (généraux, mobiliers, immobiliers), sur la qualité des hypothèques (légales, judiciaires, conventionnelles), sur les modes de conserver, de renouveler les hypothèques, sur l'ordre des hypothèques et des priviléges entre eux, sur la purge, la réduction, la radiation des hypothèques, sur les obligations et les fonctions des conservateurs, etc. Nous n'analyserons donc pas cette partie du Code romain (1); elle ne présenterait aucun intérêt au lecteur français qui verrait se répéter, à peu de chose près, toutes les formalités qui existent dans nos lois françaises, que « nul n'est censé ignorer; » elle n'apprendrait rien au lecteur romain qui ne pourrait juger des différences, puisqu'elles sont à peine sensibles ou plutôt qu'elles n'existent pour ainsi dire pas.

____

(1) Rég. civil et judiciaire, part. 1. tit. 7.

Nous aimons mieux, avant de passer à l'examen de la seconde partie de ce Code qui a rapport à l'administration de la justice et dont l'étude fera l'objet d'un chapitre spécial, indiquer sommairement quelles sont les parties réglementées par nos lois et qui manquent dans le Code civil et terminer par quelques mots sur la propriété romaine.

Toute la partie si importante de notre Code français qui concerne les contrats (vente, louage, prêt, dépôt, séquestre, société, etc.) manque absolument dans le Code civil romain. On s'en rapporte pour cela aux coutumes, à quelques ordonnances papales (1) et à l'ancien droit. Les statuts locaux régissent seuls encore, différents avec les différents territoires, la culture, le cours des eaux, les pâturages, les dommages causés aux propriétés rurales et tout ce qui est réglé chez nous par le Code forestier, les lois de voirie, les ordonnances et les décrets sur les chemins vicinaux, etc. En un mot, le Code rural, qui manque à peu près aussi en France et auquel on supplée tant bien que mal au moyen de lois et de décrets insuffisants, manque encore plus absolument à Rome; il y a ici une lacune à combler, un vide à remplir, qui le sera au reste certainement quand l'agriculture sera devenue quelque chose, quand le commerce aura pris quelque extension. Au reste, « *les lois, comme les constitutions, ne sont pas l'œuvre d'un seul homme ni d'un seul jour;* » « *c'est l'œuvre du temps,* » et nous sommes heureux de pouvoir citer ici ce mot

____

(1) Costituzione del Papa Gregorio XIII (1572-1585) sugli edifici e dritto di congruo, detta anche *ad ornatum urbis.*

remarquable qu'a rappelé dans une proclamation célèbre le seul homme, le seul Souverain qui soutienne
aujourd'hui le gouvernement et la puissance tem-
porelle du Saint-Père : nous sommes heureux de
citer ce mot qui, placé en tête de la constitution
qui régit la France, a été adopté implicitement par
tout gouvernement sage et qui est devenu, pour ainsi
dire, la règle de tous ceux qui veulent sérieusement
le bonheur de leurs sujets.

IV.

Indépendamment de cette lacune, il en existe une
autre plus importante qui a motivé, dans ces derniers temps surtout, de longues récriminations et
qui a fait éclater de terribles orages : nous voulons
parler des actes de naissance, de décès et surtout du
mariage qui n'est pas réglementé par le Code civil
romain.

Nous n'avons nullement le dessein ni le pouvoir
de discuter ici cette question au point de vue politique : notre but n'est pas de donner des conseils et
encore moins d'infliger des blâmes ; nous essayons
seulement, autant que nous le permettent nos fai-
bles moyens, de donner quelques éclaircissements
et d'apporter quelque lumière dans un débat que
les passions politiques sont venues envenimer et
obscurcir, et qu'elles ont détourné de son véritable
but.

Aussi, bien que le mariage fasse exclusivement

partie, à Rome, des institutions religieuses, nous permettrons-nous de citer simplement, sans ajouter aucun commentaire, les différentes formalités dont ce grand acte est entouré et sans lequei [1] ne saurait être valable ; peut-être comprendra-t-on mieux, après cela, ce qu'on a appelé l'entêtement et la mauvaise volonté du gouvernement pontifical, quand il refusait dernièrement d'admettre le mariage civil.

L'individu qui désire se marier à Rome, doit d'abord faire connaître son intention, par une demande d'autorisation, au tribunal ecclésiastique du Vicariat de Rome, présidé par un cardinal, et en même temps faire publier son mariage dans l'église paroissiale. Cette publication, qui a lieu le dimanche après la grand'messe, se renouvelle trois fois. Avant la première publication, deux témoins pour chaque futur époux, et qui doivent connaître ceux-ci *depuis la première enfance*, doivent apporter au tribunal un certificat écrit et signé, constatant la bonne conduite, la moralité et les antécédents de chacun des époux ; ces témoins sont ensuite appelés devant l'auditeur du cardinal-vicaire pour l'examen de leurs allégations et pour prêter serment sur l'Évangile d'avoir dit la vérité. Indépendamment de ce certificat, les époux doivent produire encore un second certificat donné par le curé de l'église paroissiale et constatant qu'ils n'ont contracté ni l'un ni l'autre aucun mariage précédent avec une personne actuellement encore existante. Ils doivent apporter, en outre, leurs certificats de baptême, de confirmation, de communion, qui leurs sont délivrés par les curés des paroisses où ils ont reçu ces sacrements.

Quand toutes ces formalités sont remplies, et après que les employés du cardinal-vicaire se sont livrés à des recherches scrupuleuses pour tâcher de découvrir s'il existe des empêchements cachés, autres que ceux qui sont prévus d'avance et qui puissent s'opposer au mariage, le cardinal-vicaire donne seulement l'autorisation de procéder aux publications et aux cérémonies du mariage. C'est alors qu'ont lieu les trois publications exigées à huit jours de distance chaque dans l'Église paroissiale : et c'est enfin après toutes ces formations et toutes ces investigations que le mariage peut être célébré.

A cette question du mariage se rattache de très-près la question du contrat de mariage et l'examen du régime que doivent adopter les futurs époux. Les contrats n'étant pas visés spécialement par le Code civil de Grégoire XVI, on n'a pas fait exception pour le contrat de mariage en particulier; néanmoins un chapitre spécial a été édicté pour assurer la restitution de la dot à la femme, dans le cas de mauvaise administration ou de dilapidation du mari.

Les lois et ordonnances apostoliques, en effet, qui régissent les intérêts des époux à Rome, ont introduit et fait prévaloir un système parfaitement assimilable au régime dotal, institué par le Code français. Disons tout d'abord, et pour expliquer la négligence apparente du Code civil, qu'il n'est pas d'usage, dans les familles romaines, de constituer aux filles des dots aussi considérables qu'en notre pays. La plupart des jeunes filles se marient pour ainsi dire sans dot, à Rome, c'est-à-dire qu'on leur donne, au jour du mariage, quelque cadeau, quelque somme d'argent qu'on trouverait, en France, insignifiante, et qui sert plutôt à subvenir aux frais de leur établissement qu'à supporter les charges du ménage : il était donc moins nécessaire à Rome qu'en France de réglementer d'une manière aussi détaillée les intérêts particuliers et communs des futurs époux : il suffisait simplement de garantir à la femme sa propriété particulière, le mari étant administrateur et propriétaire usufruitier ou quasi-usufruitier de tous les biens dotaux. Examinons maintenant quel système a été adopté ou plutôt conservé.

Deux cas peuvent se présenter : si la dot de la femme est purement mobilière, le mari, comme quasi-usufruitier, devient propriétaire de ces biens mobiliers et il a le droit d'en faire ce qu'il veut, à charge pourtant de rendre, à la dissolution du mariage, une même quantité d'argent ou un équivalent des objets mobiliers qui lui ont été remis. La femme a sur les biens de son mari une hypothèque légale qui lui assure la restitution de sa dot. Au cas où le mari dissiperait follement ses biens et ne présenterait plus de garanties suffisantes, à cause de sa mauvaise administration, pour la restitution de sa dot, la femme peut demander au tribunal la sentence qui ordonne *l'assicurazione della dote*, au moyen de laquelle elle administre elle-même alors les biens de son mari, sans en devenir néanmoins propriétaire et à charge par elle de subvenir aux besoins du ménage.

Si maintenant la dot de la femme se compose de biens immobiliers, ces biens n'entrent pas dans le patrimoine du mari ; celui-ci a simplement le droit de les administrer et d'en percevoir le revenu. Ni

lui ni la femme ne peuvent les aliéner : cependant
la femme, dans un besoin pressant, peut se faire autoriser par le juge à aliéner, à l'avantage même d'un
tiers, mais avec le consentement du mari, seulement
la moitié de sa dot : le juge ne peut lui accorder l'autorisation d'en aliéner davantage. Le Pape seul
peut, selon les circonstances, permettre à la femme
d'aliéner l'autre moitié de sa dot : mais cette autorisation ne peut être demandée et obtenue que dans
les cas excessivement graves.

Au reste, comme dans tous les cas où les lois sont
incomplètes ou insuffisantes, il arrive, en cette matière, que les conventions particulières acquièrent
une grande force et le contrat de mariage a ainsi une
importance extrême : pourvu, en effet, qu'on ne déroge
pas, par des conventions particulières, aux règles
principales que nous venons de signaler plus haut,
toutes les dispositions privées, adoptées d'un commun
accord par les parties, sont admises et ont force de
lois. Au reste, ce sont les avocats qui sont chargés,
à Rome, de rédiger ces actes, qui restent publics
dans les études des notaires; et ceux-ci le plus souvent sont simplement chargés en fait de les faire
signer et de les conserver.

V.

Nous avons passé sommairement en revue le régime des successions testamentaires et des successions *ab intestat* ; nous avons indiqué la matière des
hypothèques et nous avons montré les différences

qui séparent les deux législations civiles, romaine et française, au sujet des intérêts pécuniaires des époux dans le mariage : il nous reste encore, pour achever de signaler tous les points importants sur lesquels les lois civiles de Rome diffèrent de nos lois françaises, à dire quelques mots de la constitution de la propriété romaine.

Indépendamment des fidéicommis, des majorats et des substitutions qui grèvent une partie des biens immobiliers, il faut ajouter, comme corollaire, l'emphytéose qui est en grand usage à Rome.

Il arrive souvent que des couvents, des monastères ou des particuliers mêmes louent leur propriété par bail emphytéotique : l'emphytéose peut être perpétuelle, ou bien elle peut être limitée à la vie du preneur, à celle de son fils et de son petit-fils, et le bail est fait alors pour une, deux, ou trois générations : enfin elle peut comprendre seulement une durée de quatre-vingt-dix-neuf ans. L'individu qui a pris un fonds de terre ou une maison par bail fait sous ces conditions devient, pour ainsi dire, propriétaire de la chose, puisqu'il peut la transformer entièrement, défricher ou planter, démolir ou construire, ajouter ou diminuer ; il peut enfin exploiter à ses risques et périls, hypothéquer même ses constructions, louer à autrui, faire enfin tous les actes d'administration (*largo sensu*) qu'il jugera convenables, pourvu qu'il paye exactement la redevance qui a été déterminée d'avance entre lui et son bailleur : car, s'il manque, pendant deux ans consécutivement, et malgré les réclamations du bailleur de faire ce payement, la propriété revient alors avec les accessions nouvelles et dans l'état où elle se trouve, au propriétaire du sol.

Si le bail emphytéotique a une durée limitée, quand l'expiration du temps fixé est venue, les choses retournent à leur propriétaire comme elles sont : c'est au bailleur à s'arranger de manière à ce que les profits aient compensé pour lui les avances ou les pertes ; si le bail est fait enfin *in perpetuum* et que le bailleur veuille se rendre propriétaire libre, au bout d'un certain temps, c'est à lui d'aller trouver son bailleur et de s'entendre à l'amiable avec lui, si toutefois ce bailleur est un particulier (1). Si tous deux conviennent ensemble d'un certain prix et s'arrangent à l'amiable, la chose est alors *vendue* et la propriété passe tout entière, par l'effet de la vente, sur la tête du locataire emphytéotique, qui se trouve alors posséder un fonds, une propriété, *libera di canone.*

Cette organisation particulière de la propriété qui donne souvent à une seule chose deux propriétaires, dont l'un est apparent et l'autre réel, était nécessaire à Rome, où les ordres religieux possèdent d'immenses propriétés foncières qu'ils ne peuvent administrer ou cultiver eux-mêmes.

(1) Tous les domaines appartenant à des congrégations religieuses, tous les lieux pies, sacro-saints, etc., sont inaliénables : dans certains cas seulement, les détenteurs peuvent les aliéner ; mais il faut pour cela qu'ils en obtiennent l'autorisation de la *Congregazione de'Vescovi è Regolari*, qui a pour mission « *de surveiller les biens ecclésiastiques, de décider les questions d'aliénation ou d'échange, et qui suit pour toutes ces affaires une procédure spéciale réglementée par une loi du 27 février 1847.* »

Au moyen de baux emphytéotiques, la terre n'est point abandonnée et ne tombe pas en friche : elle est au contraire cultivée avec plus de soin et d'une manière plus intelligente : car le preneur doit lui faire produire d'abord le prix du loyer et ensuite le bénéfice légitime de son travail. C'est un moyen de concilier à la fois le principe de l'inaliénabilité des domaines et le principe de l'amélioration des terres par la culture et la division du travail.

L'emphytéose, au reste, n'est restée d'un usage aussi large que dans les pays de l'Europe où la propriété est encore, par des institutions privilégiées, agglomérée et réunie dans les mêmes mains : elle ne se retrouve qu'en Autriche, en Espagne et à Rome.

Nous avons maintenant examiné toutes les différences essentielles qui séparent le Code civil romain du Code civil français ; nous en avons par cela même signalé tous les points importants ; nous aurions sans doute encore beaucoup de règles à faire connaître, beaucoup de points à élucider; mais nous ne pouvons, dans un simple aperçu général, étudier les détails si compliqués et si nombreux que doit prévoir et réglementer toute bonne législation : un pareil examen nécessiterait plusieurs volumes et nous écarterait de notre but qui est de faire connaître l'ensemble seulement de la législation romaine.

CHAPITRE II.

LOIS CRIMINELLES.

Les lois criminelles en vigueur à Rome ont servi de matière et de prétexte à de si longues discussions et à tant d'injustes querelles que nous n'abordons qu'en tremblant, pour ainsi dire, l'étude du « *Règlement sur les délits et les peines,* » publié sous le même pontificat de Grégoire XVI, par les soins du cardinal Bernetti.

On a en effet, dans ces derniers temps, suivi une singulière tactique pour attaquer le Code criminel de Rome, et en signaler, comme on l'a prétendu, les monstrueux abus. Au lieu d'étudier ou même simplement de jeter un rapide coup d'œil sur les lois en vigueur, on a choisi certains exemples où la religion des juges a pu être trompée; et, prenant les erreurs et la faillibilité des magistrats comme base, on s'est plu à édifier tout un vaste système de dénigrements non moins injuste que peu fondé. Ce n'est point, en effet, au moyen d'un ou de deux cas particuliers qu'on peut, par la synthèse, établir des principes et des axiomes généraux; car, en jugeant ainsi d'après un fait isolé, on peut rencontrer, au lieu de l'exemple qui confirme la règle, l'exception qui la désavoue. Nous ne suivrons donc pas ici la même méthode; tout en déplorant profondément et du fond du cœur, les erreurs de la justice, si elles ont existé, tout en avouant même hautement qu'elles ont pu être, nous ne nous en servirons pas comme d'un argument pour condamner sans examen des lois qui, quoique bonnes au fond, ont pu devenir ou paraître souverainement injustes à cause de leur mauvaise interprétation.

Au reste, notre but n'est pas le même; plein de prévention d'abord et de défiances préconçues, nous avons dû, en entreprenant l'étude de la législation criminelle romaine, nous armer de toute notre conscience et de toute notre impartialité; alors, non-seulement nous avons vu s'évanouir peu à peu toutes les craintes que nous avions apportées au commencement de notre étude, mais encore nous nous sommes convaincu que le Code pénal actuellement en vigueur à Rome ne mérite aucun des reproches violents qu'on a formulés contre lui et qu'au contraire il est, quoique sévère dans la forme, parfaitement équitable dans le fond (1). Fasse le ciel que

(1) Cette sévérité pour certains crimes, que nous signalons d'avance et que nous regrettons, a été reconnue depuis longtemps déjà par le gouvernement lui-même. En 1857, un projet de Code pénal, qui modifie et abaisse singulièrement toutes les peines

notre conviction profonde et sincère passe dans l'esprit de nos lecteurs et qu'après la lecture de ce travail, les calomnies tombent d'elles-mêmes, comme tout mensonge devant la vérité !

Le Code criminel romain emprunte, ainsi que nous l'avons déjà dit, la plupart de ses dispositions aux Codes pénaux de la France et de l'Autriche ; mais c'est principalement le Code pénal français qui a servi de modèle au législateur pour la confection du Code criminel romain ; il n'a pris dans le Code criminel autrichien que les dispositions qui pouvaient compléter nos lois françaises.

Prévenir les délits, intimider les coupables, punir les fautes commises, tel est le triple but que doit poursuivre toute bonne législation criminelle, tel est celui qu'atteint aussi complétement que tout autre, à notre avis, le Code romain.

Or nous ne pouvons, dans les limites restreintes de cette étude, nous livrer à une appréciation détaillée de chacune des peines qu'inflige ce Code ou de chacun des délits qu'il poursuit ; tel ne serait pas, au reste, notre projet, tel n'est pas le plan que nous avons suivi dans l'examen du Code civil : nous essayerons donc simplement à montrer les points importants qui séparent ou rapprochent la législation pénale de notre pays de la législation romaine ; et pour cela nous allons étudier ce Code sous le triple point de vue

prononcées par les lois aujourd'hui en vigueur, fut élaboré par les soins du conseil d'État et sur l'initiative du cardinal Antonelli. Ce projet a été même imprimé à cette époque : nous avons exposé dans notre Introduction les motifs qui empêchent le gouvernement de promulguer dès maintenant toutes les importantes réformes qu'il tient en réserve.

que nous venons de signaler: la prévention, l'intimidation, la punition.

I.

Ce mot, *prévenir les délits*, a deux sens bien distincts : d'abord, présumer et préciser tous les cas possibles de délits dans lesquels peuvent être tombés les prévenus, de façon que les juges ne se rendent pas coupables de déni de justice, sous le prétexte de l'obscurité ou du silence de la loi, et de façon qu'ils puissent poursuivre, par suite de la perfection des textes, tous les actes évidemment contraires à l'ordre public et aux bonnes mœurs (1); ensuite, empêcher l'exécution des crimes et des délits par un ensemble de lois assez complet, assez resserré pour ne laisser aucune place par où puissent se glisser les abus ou les infractions.

Pour arriver à ce double but, il faut qu'une législation pénale soit assez minutieuse dans les détails et assez large dans son ensemble pour pouvoir embrasser tous les cas possibles ; néanmoins il ne faut pas, surtout en matière criminelle, où la loi doit toujours être appliquée *stricto sensu*, que les termes mêmes de la loi soient assez étendus pour laisser place à l'arbitraire dont les effets sont encore plus désastreux en matière criminelle que partout ailleurs.

(1) « Les juges ne devront jamais s'abstenir de juger sous le prétexte du silence, de l'obscurité ou du défaut des lois. »

(Code de procé   romain, part. III, tit. 1, § 419.)

Nous pensons que le Code criminel romain a atteint ce but.

Avant d'examiner d'une manière plus particulière
les différents délits qui sont prévus par ce Code,
qu'on nous permette de faire une courte observation
préalable. Rome est le siége de la religion et la capitale du monde catholique, c'est le patrimoine de
Saint-Pierre, la ville où la loi de Jésus-Christ doit
être la plus honorée et le mieux défendue ; il n'est
donc pas étonnant que le Code criminel romain se
ressente du caractère même de cette religion qui a
pour base ce seul mot qui comprend tant de choses :
la vertu. Ce Code est fait pour un peuple catholique
et pour un peuple catholique fervent, par le premier
de tous les catholiques, et le plus fervent de tous, le
Pape ; il faut donc admettre comme base et comme
point de départ, pour pouvoir juger sainement ce
Code, tous les principes de notre divine religion qui
forment la première loi de l'État.

Donc, parmi les crimes prévus, il doit s'en trouver nécessairement, qui, en France, où la religion catholique n'est pas la seule existante et la seule reconnue, sont passés sous silence dans la loi ou qui
ne sont poursuivis qu'incidemment ; et d'autres enfin
qu'on a considérés comme des délits et qui ne sont
punis que comme tels.

La loi romaine, en effet, poursuit absolument et
d'une manière exemplaire les duellistes, les sacriléges et les tentatives de suicide (1). La loi religieuse

____

(1) « Les blessures que se fait un individu pour se donner la
mort sont punies de la détention d'une à trois années, sous une
surveillance spéciale. »

(Règ. crim., art. 317.)

complète la peine pour ces derniers ; car elle re-
prouve et condamne, même après leur mort, les
personnes qui attentent d'elles mêmes à leurs
jours.

Qu'est-ce en effet qu'un suicide, si ce n'est la né-
gation même de tous les préceptes de la religion ?
L'homme est placé ici-bas pour souffrir et combattre ; c'est un temps d'épreuve que Dieu lui im-
pose avant de lui infliger une punition ou de lui
accorder une récompense éternelles. Son premier
devoir pendant sa vie est donc d'accepter avec rési-
gnation tous les maux que le Seigneur lui inflige, et
il ne peut et ne doit trouver d'autre ressource ou
d'autre consolation contre le malheur que dans la
prière et l'humiliation : se tuer pour échapper aux
tourments que la vie lui amène avec elle, c'est nier
la justice divine, c'est nier Dieu ! Il est donc juste à
notre sens que la religion refuse quelquefois d'accom-
pagner de ses prières, pour le recommander au
pardon du souverain juge, celui qui a récusé d'a-
vance l'autorité de ce tribunal suprême, celui qui a
blasphémé, puisqu'il n'a pas cru. La religion néanmoins est douce, compatissante et généreuse : elle ne
refuse jamais ses prières au fou, ou à l'homme égaré
qui a mis fin à ses jours dans un moment d'aberration
et d'oubli : cette bonté et cette charité se retrouvera
également tout à l'heure dans la loi.

Condamner le duel, ce n'est pas seulement le fait
de la religion , c'est un acte de stricte justice. Nous
voyons aujourd'hui en effet poursuivre chaque jour,
en France, les duellistes, quoique aucun texte ne
leur soit strictement applicable. On a reconnu taci-

tement le vice de notre législation (1); peut-être un jour, qui n'est pas éloigné, viendra-t-il où cet oubli sera réparé. Le duel est en effet directement opposé à toute idée de moralité et *à fortiori* de catholicité. L'Écriture qui prêche ouvertement le pardon et l'oubli des offenses, qui recommande au juste de tendre l'autre joue après avoir reçu un premier soufflet, ne saurait admettre que l'offensé se fît justice à lui-même (2). Le point d'honneur est assurément le propre de grandes âmes et nous aurions mauvaise grâce, nous, qui sommes Français, à nier ou même à dénigrer les mérites de ce qui fait la gloire et la force de notre nation : le point d'honneur, c'est la vertu chevaleresque qui a fait les croisades, c'est l'abnégation et le dévouement ! Mais n'est-il pas souvent aussi, même chez les meilleurs, loin d'être raisonné et bien entendu ? Nous avons eu dans notre histoire des époques où l'on allait se battre pour le seul plaisir de se battre : le cardinal de Richelieu ne peut être blâmé d'avoir rendu sa fameuse ordonnance sur le duel. La religion catholique ne pouvait donc admettre chez elle, même en principe, une pareille coutume, et elle a bien fait de frapper le duel de ses peines les plus sévères ; mais d'un autre

---

(1) Tacitement par rapport à la pratique : les tribunaux ne peuvent poursuivre actuellement les duellistes que comme prévenus de coups et blessures; expressément, par rapport à la théorie. Consulter le remarquable travail, publié par M. le professeur Valette, sur le duel.

(2) « Celui qui veut se venger attirera sur soi la vengeance de « Dieu, et ses péchés ne seront point oubliés. »

(Ecclésiaste, chap. 28.)

côté, le législateur, à côté des châtiments qu'il infligeait, pouvait se rappeler aussi la faiblesse de la nature humaine : aussi n'oubliant pas que l'indulgence n'exclut pas la justice, a-t-il su mettre un adoucissement à côté de la peine, de façon à excuser autant que possible l'acte que sa conscience lui faisait un devoir de condamner et de flétrir absolument (1).

Quant aux sacriléges, il nous semble que nous n'avons rien à dire pour expliquer les peines qu'ils encourent. Profaner les lieux saints, fouler aux pieds les vases sacrés, c'est insulter directement et grossièrement la majesté de Dieu d'abord et ensuite les croyances pieuses et saintes de tous, la foi de ses semblables. S'il est quelque chose qu'un catholique doive vénérer et respecter par-dessus tout, c'est assurément chacun des objets de ce culte qui sont chaque jour sanctifiés de nouveau par la présence de Dieu lui-même. Disperser et perdre l'hostie sainte, par exemple, c'est nier le mystère de la transsubstantiation, c'est s'attaquer à la base de la religion entière, c'est attenter à la majesté de Dieu, c'est commettre en un mot le crime de lèse-divinité. De pareils actes que les lois françaises ne peuvent poursuivre qu'au point de vue laïque, pour ainsi dire, puisque l'exercice de tous les cultes est libre et public, ne sauraient être considérés de la même manière dans

____

(1) « L'homme qui a tué son ennemi en duel après avoir pro-
« voqué l'altercation est, en principe, puni de mort.» (Art. 296.)

« Néanmoins si l'homicide est commis pendant les vingt-quatre
« heures qui ont suivi l'offense, dans toute l'impétuosité de la
« colère, *nell' impeto dell' ira*, la peine est réduite à dix ou
« quinze années de galère. » (Art. 299.)

un pays ou la liberté de conscience n'a pas sa raison d'être, puisque toute la population y professe une seule et même croyance.

De pareils crimes sont en effet réprouvés implicitement et aggravés par l'esprit même de toute la population qui pratique strictement et croit fermement. Combien avons-nous vu, par tous les temps et dans toutes les saisons, de paysans au teint hâlé, aux vêtements en lambeaux, descendre de leurs montagnes de la Sabine pour venir simplement s'agenouiller sur le parvis de Saint-Pierre, demandant humblement à Dieu sa bénédiction, et pour aller baiser ensuite dévotement le pied de cette fameuse statue de bronze du saint que tant de générations de fidèles ont à la fin usé par leurs saintes pratiques ! Nous citons ce trait parce qu'il peint l'état des croyances populaires et qu'en connaissant mieux l'esprit de la population, on pourra comprendre plus facilement et accepter plus aisément la sévérité des peines qui punissent les sacriléges et les profanateurs ; le châtiment doit être proportionnel à la gravité du crime et la gravité du crime est loin d'être absolue ; elle varie avec la manière plus ou moins profonde dont elle blesse le sentiment et les croyances populaires, c'est-à-dire cette idée innée, diverse peut-être avec les diverses nations, parce qu'elle est plus ou moins développée, plus ou moins parfaite, mais toujours une néanmoins dans son principe, qui établit au cœur de tous la distinction entre le juste et l'injuste, le bien et le mal !

En insistant, comme nous venons de le faire, sur le sacrilége, nous n'avons eu nullement l'intention de prétendre signaler, comme on pourrait le croire, des crimes qui passent inaperçus dans les lois françaises et que le Code n'a pas cru devoir faire rentrer sous sa juridiction. Les différences que nous avons voulu signaler sont tout entières renfermées dans la pénalité infligée, et nous avons voulu, pour empêcher d'avance tout étonnement, expliquer les motifs qui avaient conduit à prononcer contre ces crimes des peines qui sembleront peut-être au premier abord excessives pour un lecteur français.

Nous n'aurons pas les mêmes motifs et les mêmes raisons pour insister d'avance sur les autres délits prévus; les mêmes causes produisant, dans les deux Codes, les mêmes effets; néanmoins il faut signaler encore le crime de rapt : en France, où le consentement des père et mère est nécessaire jusqu'à un certain âge pour impliquer la validité du mariage, il il est toujours un moyen laissé aux parents de faire rentrer leur fille auprès d'eux dans les cas ou le ravisseur l'aurait épousée (1); mais à Rome, les motifs ne sont plus les mêmes : le défaut de consentement des parents ne peut que retarder de quelques jours seulement la célébration du mariage auquel consentent de plein gré les futurs conjoints (2). Il fallait

(1) « Dans le cas où le ravisseur aurait épousé la fille qu'il a « enlevée, il ne pourra être poursuivi que sur la plainte des per- « sonnes qui, d'après le Code civil, ont le droit de demander *la* « *nullité* du mariage, ni condamné qu'après que la nullité du « mariage aura été prononcée. »

(Code pénal français, art. 357.)

(2) Ce fut au concile de Trente (1563) que fut décidée la question de la validité des mariages contractés clandestine- ment ou sans le consentement des parents des futurs conjoints :

donc punir plus sévèrement le ravisseur pour prévenir les conséquences funestes que pouvait entraîner l'enlèvement d'une jeune fille ; aussi la loi ne considère-t-elle que les faits, sans se préoccuper de l'âge ou de la position des auteurs. Comme le mariage, s'il a été régulièrement célébré, ne peut plus être dissous, à moins de motifs de parenté, d'alliance très-restreints et spéciaux, quelles qu'en soient d'ailleurs les conséquences futures, il fallait une pénalité sévère pour prévenir un moyen facile de se soustraire à l'autorité paternelle et aux sages conseils de la famille.

Excepté ces points particuliers qui devaient être réglés d'une manière particulière, à cause même de l'essence et de la constitution de la société romaine, le Code criminel prévoit et envisage, comme le Code pénal français, tous les autres délits et tous les autres crimes qui peuvent se présenter : les crimes contre les personnes (*homicide, coups et blessures, adultère, viol, infanticide, délits contre les bonnes mœurs et la publique honnêteté*) ; les crimes contre la propriété (*vol, incendie, faux, usure, etc.*) ; les crimes contre la vie du Souverain et la tranquillité de l'État sont prévus et réglés dans tous leurs détails par des lois qui empruntent les principales de leurs dispositions aux lois françaises, quoique les punitions prononcées diffèrent quelquefois. L'arbitraire

« malgré l'opposition et les observations réitérées des représen-
« tants de la France, on adopta l'opinion qui ne donne aux pa-
« rents des futurs époux qu'un droit d'opposition presque dénué
« de tout effet suspensif, quand les parties contractantes sont
« d'accord. »

ne peut donc se faire jour dans la répression des crimes, et toute l'action du magistrat se réduit, à Rome comme en France, à juger le fait et à appliquer la peine.

II.

L'intimidation se trouve assurément en principe dans la peine, et la sévérité des punitions infligées au coupable est certainement un des meilleurs freins qu'on puisse employer pour retenir les méchants dans la voie du devoir et du bien.

Néanmoins l'intimidation n'est pas tout entière renfermée dans la pénalité : il est encore des circonstances, des faits accessoires, si l'on veut, mais principaux au point de vue pratique, qui augmentent singulièrement chez les coupables la valeur et l'intensité du châtiment.

Ces faits sont produits par la position particulière dans laquelle se trouve l'accusé ou par la manière dont il a exécuté son crime; nous voulons parler de l'état de récidive, des circonstances aggravantes; nous dirons ensuite quelques mots sur le sort des complices et sur les circonstances atténuantes.

En un mot, sans parler encore de la peine elle-même, nous croyons pouvoir trouver pour l'intimidation des coupables des motifs suffisants dans les modifications établies dans les peines, et nous suivons en cela l'avis des principaux criminalistes de l'Europe pour qui ces modifications ont toujours été d'une importance extrême : elles se retrouvent en effet dans toutes les législations et elles ont préoccupé tous les jurisconsultes qui en ont fait le but constant de leurs efforts et de leurs études. Le cardinal Bernetti a suivi les mêmes errements : une grande partie des dispositions du Code criminel est consacrée aux circonstances particulières qui peuvent augmenter ou diminuer la nature du délit, et introduire un maximum ou un minimum dans la pénalité.

Une des distinctions les plus judicieuses qu'on remarque tout d'abord a rapport à la tentative, c'est-à-dire au projet du délit, non suivi d'effet. Il arrive souvent qu'un malfaiteur est arrêté au moment de la perpétration du crime : tout en ayant le projet et la ferme résolution de mal faire, il se trouve empêché de commettre la mauvaise action qu'il méditait par suite d'une circonstance fortuite et imprévue. Cette circonstance peut se présenter de deux façons différentes : elle peut venir du dehors et être ainsi complétement indépendante de sa volonté : tel est, par exemple, l'assassin dont un citoyen courageux désarme le bras déjà levé pour le crime ; ou bien, telle est la position dans laquelle se trouve le brigand qui est allé attendre sa victime dans un endroit où celle-ci devait se rendre et dont sa bonne fortune l'a détournée, en dehors de toute prévision ; cette dernière hypothèse nous paraît plus conforme à l'esprit de la loi. Cette circonstance peut encore venir du fait même du coupable ; au moment de commettre un vol, par exemple, le voleur entend parler en lui la voix de sa conscience ; pris d'un repentir subit, il abandonne son coupable projet et ne se sent plus la force d'exécuter son crime.

L'homme qui se trouve dans ces deux circonstances n'a pas commis en fait de mauvaise action : rien ne s'est révélé au dehors par un dommage causé à un tiers ; les sinistres projets qu'il avait formés n'ont pas été suivis d'exécution. Néanmoins il y a là une pensée coupable et par conséquent condamnable ; puisque la préméditation, accompagnée du crime, augmente la peine, c'est qu'elle a une valeur et une importance propres, intrinsèques, pour ainsi dire. Quand donc la préméditation est seule, elle peut être également punissable.

Le Code criminel romain a admis cette distinction qui peut paraître subtile au premier abord ; mais nous la trouvons néanmoins motivée par le caractère en quelque sorte religieux qui domine toute la matière : la loi catholique, qui a pour mission de guider les consciences, se reflète ici dans la loi pénale : sans doute il serait fâcheux que des considérations purement religieuses vinssent constamment s'imposer dans une législation criminelle, qui s'adresse à tous et qui est faite pour tous indistinctement ; mais ici, ce danger n'existe pas : la préméditation, suivie de l'effet, est admise dans tous les Codes criminels, comme une circonstance aggravante ; donc la préméditation, quand l'effet n'a pas eu lieu, pouvait être aussi bien considérée comme un acte assez grave par lui-même pour attirer, à cause de lui seul, une punition à qui s'en serait rendu coupable.

Il était juste néanmoins de tenir compte des circonstances qui ont réduit le crime à une simple tentative sans résultat : si la tentative a été empêchée par le concours d'une ou de plusieurs volontés indépendantes de celle du coupable, la peine prononcée reste celle du délit lui-même, abaissée d'un à trois degrés selon les différents cas. Si maintenant le coupable s'est arrêté de son propre mouvement et sans le concours de personnes étrangères, la peine est simplement réduite à un mois ou à un an comme maximum de détention. Il est nécessaire d'ajouter qu'il faut absolument que les projets du prévenu aient été manifestés dans tous les cas, soit par des discours, soit par des écrits, soit enfin par quelques autres moyens qui mettent hors de doute la funeste résolution qu'il avait prise.

Le Règlement criminel a considéré aussi la récidive comme un cas particulier qui devait augmenter la peine : l'homme qui, après avoir commis un premier crime, en commet un second, dénote évidemment un degré de corruption plus prononcé que l'individu qui pour la première fois se rend coupable d'une mauvaise action : pour lui, plus d'entraînement possible, plus de cas d'excuse admissible, c'est évidemment un parti pris : toutes les législations criminelles ont considéré le cas de récidive comme une circonstance aggravante de la pire espèce ; et le Code romain n'a fait que suivre en cela l'exemple de tous en déclarant que les récidivistes subiraient une punition plus forte ; il a maintenant adopté simplement le système du Code pénal français en augmentant d'un degré la peine portée contre les récidivistes.

Le Code romain assimile encore en quelque sorte

aux récidivistes les condamnés qui commettent de nouveaux délits dans la prison où ils sont détenus ; si leur peine est perpétuelle, on les met au secret (*stretta custodia*) pour un temps plus ou moins long ; si leur peine est simplement temporaire, on les punit de la peine prononcée pour le crime, mais de façon que la nouvelle peine infligée, combinée avec l'ancienne, ne forme pas une durée de plus de vingt ans de galères.

Les galères ne sont en effet prononcées à perpétuité que dans les cas les plus graves : le Code romain réserve cette peine qui astreint un condamné à supporter pendant toute sa vie une existence mille fois pire que la mort et qu'un homme ne peut souffrir en général que s'il est soutenu par l'espérance d'une évasion ou l'attente d'une amnistie, pour des cas excessivement rares ; et la condamnation aux galères à perpétuité n'est prononcée qu'avec les plus grands ménagements.

Cela est si vrai, que dans les cas où un condamné a plusieurs peines à subir par suite d'un concours de plusieurs délits ou plusieurs crimes à expier, tant que chacune des peines encourues pour chaque délit n'est que temporaire, la durée de sa condamnation aux galères ne pourra pas excéder vingt ans ; et si, parmi ses crimes, il en est un qui comporte à lui seul une condamnation à vingt ans de galères, l'augmentation de peine prononcée pour les autres fautes n'excédera pas cinq ans de galères.

Pour le fait de réitération, qu'il ne faut pas confondre avec la récidive, le coupable est condamné à subir la peine établie pour chacun des délits qu'il a commis ; et si, parmi ces peines, les unes sont plus graves et les autres moindres, les peines les plus fortes seront expiées les premières.

Une des causes qui servent avec le plus d'efficacité à augmenter l'intimidation chez les criminels, c'est la juste détermination des circonstances aggravantes. Le coupable qui ne peut perpétrer son crime qu'avec l'aide de certains moyens, ou dans un certain endroit, s'arrêtera souvent au moment d'agir, par la seule pensée que tel ou tel détail qui ne l'aurait pas arrêté au premier abord va le faire condamner au maximum de la peine. D'un autre côté, il importe aussi, dans une bonne législation pénale et au point de vue même de l'intérêt de l'accusé, que la loi ait précisé d'avance et désigné bien exactement les circonstances qu'elle considère comme dénotant chez l'accusé une perversité plus grande : sans cela le juge pourrait trop facilement, en suivant ses propres impressions, changer la nature du crime ; et pour mettre fin à son hésitation entre le maximum et le minimum de la peine, il pourrait se laisser, bien souvent, guider par des influences venues du dehors.

Le Code criminel considère comme circonstances aggravantes : toute cause qui pousse au délit ou qui n'est pas de nature à en prévenir les effets ; la réflexion ou préméditation, qui se détermine soit en plus, soit en moins, d'après la gravité du dommage causé ; l'usage de tous les moyens qui rendent le délit plus facile à commettre et plus difficile à éviter, et la nature de ces moyens qui sont plus ou moins violents ; les abus d'autorité ou de pouvoir ; l'emploi de faux noms, de fausses qualifications, la production d'ordres supérieurs supposés ; enfin l'instant choisi pour exécuter le délit, qui s'aggrave s'il est commis pendant un incendie, un tremblement de terre, un naufrage, une dévastation, ou bien pendant la nuit, ou enfin dans une prison ou dans tout autre lieu de détention.

Avant d'en finir avec les circonstances qui peuvent intimider le coupable, qu'on nous permette de signaler une mesure peu importante par elle-même, mais que de récents articles d'un criminaliste français ont rendue intéressante, puisqu'on demandait qu'elle fût introduite dans notre Code à titre de réforme, afin d'augmenter l'intimidation chez les coupables en les frappant à la fois dans leur liberté et dans leur fortune et afin de diminuer les charges de l'État (1).

L'art. 16 du règlement criminel s'exprime ainsi : « Tous les auteurs d'un crime, tant complices qu'a- « gents principaux, sont obligés solidairement à « rembourser les dommages causés par leurs délits « aux offensés ou à leurs héritiers. *Ils sont en outre* « *tenus solidairement de payer les frais du procès, et* « *de rembourser à l'État les sommes avancées par lui* « *pour leur fournir des aliments pendant la durée de* « *leur incarcération.* »

La seule différence que l'on trouve entre ce paragraphe du Code criminel romain et la mesure proposée, c'est la distinction qu'établissait le savant ma-

---

(1) Consulter, dans la *Gazette des Tribunaux* du 17 et du 21 novembre 1860, les remarquables articles de M. le conseiller Bonneville de Marsangy.

gistrat français entre les condamnés *reconnus solva-bles* et ceux qui ne le seraient pas; distinction qui nous semble parfaitement bonne en théorie, et dont, chez nous, l'application a déjà lieu en partie dans la pratique, par rapport aux frais d'arrestation.

Avant de passer à l'examen des peines en elles-mêmes, il nous semble nécessaire de parler, à côté des circonstances aggravantes, des cas d'excuse et des circonstances atténuantes admises pour les délits et les crimes.

Les cas d'excuse, cités par le Code criminel romain, sont à peu près les mêmes que ceux dont parle l'art. 64 de notre Code pénal (1); ce sont : la folie momentanée ou l'état habituel de démence ou de fureur; l'erreur impossible à éviter qui ne permettait pas de reconnaître un délit, au moment où l'acte a été commis; le cas d'absolue nécessité (*légitime défense*); enfin le délit est encore excusé s'il résulte d'un accident que le coupable ne pouvait prévoir et dont il ne pouvait empêcher les consé-quences.

Parmi les circonstances atténuantes, l'âge du coupable est signalé en première ligne; mais la loi n'établit pas, comme en France, la distinction du discernement, à moins que l'enfant n'ait pas encore atteint l'âge de dix ans, auquel cas la loi ne le considère jamais comme coupable; mais elle suppose toujours qu'à partir de cet âge il a agi avec connais-

____

(1) « Il n'y a ni crime ni délit lorsque le prévenu était en état « de démence au temps de l'action, ou lorsqu'il a été contraint « par une force à laquelle il n'a pu résister. »

(Code pénal, art. 64.)

sance de cause et elle le punit, sauf le cas cependant où l'enfant se trouverait lui-même dans les cas d'excuse énumérés précédemment.

Néanmoins, ce principe étant admis, il n'eût pas été juste d'infliger à l'enfant les mêmes peines qu'à l'homme fait ; la faiblesse de sa constitution rendant plus pénible et plus forte la pénalité par elle-même, il se fût trouvé puni plus sévèrement pour un même crime en supportant la même peine, ce qui eût été dépasser le but et franchir les bornes d'une juste sévérité. L'enfant donc, de dix à quinze ans, ne peut être puni que de deux mois à trois ans de prison ; de quinze à dix-huit ans, on lui inflige une peine moindre de deux degrés que celle qui est prescrite pour le délit qu'il a commis ; de dix-huit à vingt ans enfin, la peine n'est plus abaissée que d'un degré seulement en sa faveur.

Dans l'ordre inverse, le vieillard, après soixante-dix ans, ne peut plus être condamné ni à mort ni aux galères perpétuelles.

Des atténuations de peine, équivalentes à celles du droit français, sont encore admises en faveur des femmes ; elles ne peuvent être condamnées aux galères ; on remplace pour elles cette peine par des travaux forcés dans un lieu de détention. Elles ne peuvent être exécutées, si elles sont condamnées à mort, pendant tout le temps que dure leur grossesse.

Un mot enfin, avant de finir cette matière, sur la complicité.

Une question souvent débattue en France, a été de savoir comment devait s'interpréter l'art. 59 du Code pénal dont les termes sont cependant si précis et si clairs (1). C'est qu'on trouvait exorbitant, dans bien des cas, d'infliger aux complices la même peine qu'à l'agent principal. Depuis la révision du Code pénal de 1832, époque où fut admis dans notre législation le bénéfice des circonstances atténuantes, le jury élude la sévérité de la loi en usant pour les complices de la faculté qui lui est laissée. Mais à Rome la même latitude n'est pas laissée aux juges ; les circonstances atténuantes n'ont pas été introduites dans la loi avec la même latitude qu'en France : aussi la sévérité de l'art. 59 de notre Code n'a-t-elle pas paru admissible au législateur romain et l'art. 13 du Règlement criminel déclare expressément que « *les coaccusés et les complices, quand il est prouvé* « *que leur participation a été moins forte dans la per-* « *pétration du délit ou du crime que celle de l'agent* « *principal, subissent une peine abaissée en leur faveur* « *de un à cinq degrés.* » La peine est donc moindre pour les complices que celle qu'on inflige au principal auteur du délit.

Néanmoins, le bénéfice personnel que peut retirer un des coaccusés ou l'un des coupables des circonstances particulières dans lesquelles il s'est trouvé, ne s'applique pas à ses complices ; et encore les circonstances qui aggravent la nature d'une faute sont à la charge de ceux des coaccusés seulement qui en avaient connaissance au moment de la perpétration du délit ou du crime.

(1) « Les complices d'un crime ou d'un délit sont punis de la « même peine que les auteurs mêmes de ce crime ou de ce délit, « sauf le cas où la loi en aurait disposé autrement. »

(Code pénal, art. 59.)

III.

Nous arrivons à la partie la plus importante de notre tâche. Après avoir fait connaître les crimes et délits prévus, après avoir signalé les circonstances accessoires dans lesquelles ces infractions pouvaient être commises, il nous reste à établir la sanction, c'est-à-dire la pénalité infligée au coupable.

Quelles sont les peines? Dans quel cas chacune d'elles est-elle appliquée? Telles sont les deux questions auxquelles nous allons essayer de répondre.

« Les peines légales sont : la mort simple ou d'es« pèce exemplaire, *di specie esemplarità*, les galères « à perpétuité et à temps; les travaux publics; l'exil, « la détention ou la reclusion, l'amende ; la priva« tion et l'interdiction de l'exercice des emplois « publics et des droits civils (1). »

La mort simple, c'est la décapitation; la mort exemplaire, c'est la mort donnée au coupable au moyen d'une fusillade dirigée sur ses épaules, *una fucilazione alle spalle.*

L'exil est une peine prononcée surtout en matière politique ; l'exil est aussi le plus souvent appliqué aux étrangers. Ceux-ci en effet se trouvent soumis aux prescriptions du Code criminel romain quand ils ont fait à Rome un séjour de deux mois continus ou de trois mois avec des interruptions (Art. 3 du Règlement criminel).

____

(1) Règlement criminel, art. 50.

La privation et l'interdiction des droits civils et des emplois publics enlève au condamné le droit de prononcer des vœux; d'être élu dans les conseils municipaux et provinciaux; d'être élu aux autres fonctions et emplois publics; d'entrer dans certains lieux sanctifiés; de témoigner en justice; d'être expert; d'obtenir la permission de porter des armes; d'être tuteur, curateur, administrateur des biens d'autrui; d'intervenir comme conjoint dans les contrats des femmes et des mineurs. La perte de ces droits constitue donc réellement, au point de vue des lois romaines, la mort civile; elle contient en effet toutes les interdictions et toutes les privations qu'emportait autrefois cette peine, en France, avant que la loi de 1854 ne vînt l'abroger. Nous en exceptons, bien entendu, la rupture des liens du mariage, et la perte des droits de paternité; car il ne faut pas oublier que le mariage est à Rome une institution purement religieuse que les lois civiles ne peuvent atteindre.

Les peines prescrites par le droit romain sont, comme on peut le voir, les mêmes, à peu de choses près, que celles qui sont prononcées en France. Nous savons que quelques esprits, plus humanitaires que profonds, se sont étonnés d'y voir figurer en première ligne la mort, et qu'ils ont prétendu qu'une telle peine était incompatible avec un gouvernement religieux. Nous n'avons nullement l'intention de tenter ici un plaidoyer en faveur de la peine de mort; nous n'essayerons donc pas de justifier cette peine au point de vue élevé de la philosophie morale; nous nous contenterons simplement de faire remarquer que cette peine est appliquée dans tous les États de l'Europe et qu'aucune raison religieuse ne vient s'opposer à ce qu'elle soit de même appliquée dans les États de l'Église.

La loi religieuse, en effet, ne défend pas de mettre à mort les criminels; nous pourrions citer dans les saintes Écritures certain passage où le Seigneur « établit lui-même des lois pour ôter la vie aux cri- « minels; et ainsi ces meurtres qui seraient des at- « tentats punissables sans son ordre deviennent des « punitions louables par son ordre, hors duquel il n'y « a rien que d'injuste. » Nous pourrions énumérer toutes les circonstances dans lesquelles Dieu ordonne à Saül, à David ou à quelque autre roi de son peuple, d'aller mettre à mort telle ou telle tribu d'Amalécites ou de Philistins ; nous pourrions rappeler le dévouement de Judith et la mort d'Holopherne. Mais en citant ces exemples, nous craindrions qu'on ne nous accusât d'aller chercher nos enseignements dans les souvenirs d'une civilisation détruite dont la loi sacrée de l'Évangile est venue faire disparaître les derniers vestiges. Néanmoins, qu'on nous permette de rappeler que Notre-Seigneur Jésus-Christ a dit : *qui frappera avec l'épée, périra par l'épée;* c'est-à-dire le meurtrier sera tué, comme il a tué lui-même ; qu'on nous permette enfin de terminer ces courtes réflexions en citant deux passages des Pères les plus autorisés de l'Église, saint Augustin et saint Paul.

« Dieu, dit le premier au livre I de la *Cité de Dieu*, « C. 21, a fait lui-même quelques exceptions à la « défense générale de tuer, soit par les lois qu'il a éta- « blies pour faire mourir les criminels, soit par les « ordres particuliers qu'il a donnés quelquefois

« pour faire mourir quelques personnes. Et quand
« on tue en ces cas-là, ce n'est pas l'homme qui tue,
« mais Dieu, dont l'homme n'est que l'instrument,
« comme une épée entre les mains de celui qui s'en
« sert. Mais si l'on excepte ces cas, quiconque tue se
« rend coupable d'homicide. »

Il y a donc certains cas où Dieu permet à certains
hommes d'ôter la vie à ceux de leurs semblables qui
ont enfreint d'une manière grave les lois que lui-
même a établies : or, ce pouvoir sur la vie des coupables, Dieu l'a remis entre les mains des rois qui en
sont les seuls dépositaires.

C'est ce que saint Paul dit expressément lorsqu'en
parlant du droit qu'ont les souverains de faire mourir les criminels, il le fait descendre du ciel en ajoutant « que ce n'est pas en vain qu'ils portent l'épée,
« parce qu'ils sont les ministres de Dieu pour exé-
« cuter ses vengeances contre les coupables. »

La peine de mort ne blesse donc en rien la morale évangélique, et nous ne voyons pas pourquoi elle
serait proscrite dans la législation pontificale, avant
de l'être dans les autres législations pénales en vigueur dans les deux parties du monde. Cette peine a
même, à Rome, un correctif puissant qu'elle n'a
pas dans les autres États européens : ce correctif se
trouve dans le droit d'asile. Il est, à Rome, certains
monuments consacrés où l'on ne peut arrêter un
criminel : celui-ci s'y trouve, pour ainsi dire, sous
la protection de Dieu et il échappe à la justice des
hommes tant qu'il n'abandonne pas ce tout-puissant
patronage.

Il y a assurément une grande et noble pensée dans

cette institution du droit d'asile ; cette institution, que nous n'examinons ici qu'au point de vue philosophique et dont nous ne considérons pas toutes les conséquences pratiques, car elles ont été singulièrement amoindries et restreintes en fait (le droit d'asile n'est plus, à proprement parler, qu'un souvenir du passé, dans la législation romaine), cette institution, disons-nous, c'est un dernier témoignage de respect rendu à la toute-puissance divine qui fait fléchir à son gré, devant elle, toutes les lois humaines ; c'est le principe même de la doctrine évangélique étendu et généralisé. Le Christianisme, non-seulement régénère le crime par le repentir et absout le coupable par la foi, mais encore il appelle à lui, pour les consoler et les secourir, toutes les grandes douleurs et toutes les grandes infortunes. Rome tout entière est la terre d'asile ; c'est là que sont venus successivement oublier et mourir tous ces grands déshérités du sort dont la fortune avait brisé les trônes ou dispersé les couronnes ; c'est là qu'est le tombeau des derniers Stuarts ; c'est là qu'a pleuré et vécu, sous la protection de Pie VII, madame Lætitia, mère de Napoléon ! Il fallait qu'il y eût au monde une ville qui fût pour tous indistinctement un refuge sacré et inviolable ; et cette ville, ce ne pouvait être que Rome, « la cité de la charité et des souvenirs, où la « croix s'élève sur des ruines, et où la perfidie, « suivant l'expression de saint Cyprien, ne saurait « avoir accès : *hic non potest accessum habere per-* « *fidia.* »

Au reste, la peine de mort est à Rome, comme en France, réservée pour les plus grands crimes : excepté en matière politique où, malheureusement, elle est encore en vigueur, elle n'est appliquée exactement que dans les cas analogues à ceux pour lesquels le Code pénal prononce la même peine. Néanmoins disons de suite, avant d'énumérer tous les crimes qui sont punis de mort et de comparer sur ce point les prescriptions du Règlement criminel à celles du Code pénal, que la loi romaine inflige ce châtiment à deux sortes de criminels qui sont loin, en France, d'être punis d'une manière aussi sévère : ce sont les duellistes et les sacriléges.

Nous avons dit plus haut toute l'horreur que le duel pouvait inspirer, en se plaçant au point de vue purement catholique, et nous avons fait connaître toute l'étendue de ce crime aux yeux de la religion ; la gravité de la peine peut donc s'expliquer d'elle-même : hâtons-nous toutefois d'ajouter que cette prescription, empruntée aux *Bandi generali*, est aujourd'hui complétement abrogée par la désuétude ; depuis que la législation moderne est en vigueur, elle n'a pas été appliquée ; c'est plutôt dans la loi une *protestation* qu'une *prescription*.

Quant au crime de sacrilége, tel que l'entend le Code romain, c'est-à-dire quant au crime de *lèse-divinité* (car celui qui foule l'hostie sainte aux pieds commet ainsi un attentat sur la personne de N. S. Jésus-Christ), il n'en pouvait être ainsi ; la loi est donc toujours en vigueur ; mais chez un peuple aussi profondément religieux que l'est le peuple romain et avec un souverain aussi clément que l'est le Saint-Père, la loi n'a presque jamais eu lieu d'être appliquée, ou bien elle a presque toujours été atténuée par les effets de la grâce souveraine.

Ces deux cas particuliers écartés, examinons donc quels sont, parmi les autres crimes, ceux qui entraînent la peine de mort. Nous voyons tout d'abord que les attentats contre la vie du Souverain ou des principaux personnages de l'État, cardinaux ou premiers magistrats de la province, attaqués en haine de leurs fonctions, sont punis de mort : il en est de même en France. Les art. 86 et 233 du Code pénal sont applicables dans ces cas et prononcent la même peine: et quant aux criminels qui auraient attenté à la vie de l'Empereur ou de l'un des membres de la famille Impériale et qui auraient été graciés par suite de la clémence souveraine, ils sont encore soumis aux prescriptions de la loi de sûreté générale de mars 1858, qui n'a pas d'équivalent à Rome.

Ceux qui excitent, provoquent et soutiennent une sédition par tous les moyens possibles, ceux qui forcent une personne à s'affilier à une société secrète, ceux qui acceptent le mandat d'agir par voies de fait dans l'intérêt de ladite société, sont passibles de la peine de mort: en France, les art. 91 et 96 (2° aliéna) du Code pénal sont applicables à ces crimes et prononcent la même peine.

Tout individu qui a armé et réuni une troupe de plus de cinq hommes pour opérer des brigandages; tout individu qui s'empare violemment de la propriété d'autrui et qui se rend *coupable d'un homicide* dans ce seul but; tout individu qui emprisonne, blesse et frappe une personne pour lui extorquer de l'argent, peut être condamné à mort: mettons en regard les art. 96 (1ᵉʳ alinéa), 304 (2ᵉ alinéa), 344 (dernier alinéa) du Code pénal, qui prononcent la peine de mort contre les mêmes criminels.

Celui qui a frappé et maltraité un prêtre dans l'exercice de son pieux ministère ; celui qui s'est rendu coupable d'un homicide volontaire et prémédité, ou d'un enfanticide, est également puni de mort. Le Code pénal français ne vise pas expressément le premier cas, mais l'hypothèse de l'art. 233 nous paraîtrait applicable en pareille circonstance, selon les faits ; quant aux autres crimes, l'art. 302 condamne à mort tous les meurtriers, quelle que soit la victime, et quel que soit le moyen employé pour la tuer.

Les incendiaires, les individus qui soudoient des meurtriers, les voleurs de grand chemin qui exercent des sévices sur les voyageurs, ceux qui pillent les maisons habitées et *commettent des violences* sur les personnes, l'homme qui cause la mort d'une femme à la suite d'un viol qualifié, tous ces criminels sont condamnés à mort. Les art. 434, 303, 302, du Code pénal français visent les mêmes cas, expressément ou indirectement, et prononcent aussi la même peine.

Si nous avons énuméré avec tant de soin tous les cas dans lesquels la peine de mort est prononcée par le Règlement criminel romain, c'est que nous désirons combattre, par des faits seulement, par des textes, et non par des exemples, ce reproche de cruauté qu'on a fait si souvent aux lois criminelles de Rome, et montrer que la peine la plus forte qui puisse être infligée, la mort, ne l'est pas dans plus de cas à Rome qu'en France, et qu'au contraire elle y est peut-être prononcée pour moins de crimes que dans notre Code pénal. Car en prenant, comme nous venons de le faire, la peine capitale d'une législation et en indiquant la manière dont elle est appliquée, nous croyons qu'on ne peut donner une meilleure idée de l'ensemble et de l'esprit général de cette législation. Ce n'est pas dans les questions de détail, dans les peines infligées pour des contraventions ou de simples délits, que peut se trouver la pensée générale du législateur; c'est dans l'énumération, par exemple, de tous les crimes punis de la peine capitale, et de tous ceux qui emportent avec eux la sanction d'une peine afflictive et infamante. Lorsqu'on a clairement établi tous les actes que le législateur punit le plus sévèrement, on a fait connaître également ceux qu'il juge les plus répréhensibles; et par la déduction et l'analyse, ceux-là étant pris strictement comme point de départ, chacun peut établir une suite de degrés de concordance entre la pénalité et l'importance relative des crimes.

Néanmoins nous avons dit en commençant ce chapitre que, dans certains cas, nous trouvions la sévérité du Règlement criminel romain peut-être un peu exagérée; c'est que précisément, à mesure qu'on descend l'échelle des délits, on rencontre des sanctions et des peines qui ne correspondent plus exactement à l'idée qu'on s'était faite, d'après la déduction, de l'importance des infractions elles-mêmes.

C'est ainsi que, par exemple, les injures infamantes, écrites ou dessinées, sont punies par trois ou cinq ans de travaux publics (1); que les discours

_____

(1) Il ne faut pas confondre les *travaux publics* (*opera publica*) avec les *galères*; cette peine, c'est le travail imposé forcément

obscènes qui outragent la pudeur, les bonnes mœurs et la décence publique peuvent être punis d'un mois ou même d'un an de travaux forcés (1); que le calomniateur subit la même peine que l'innocent qu'il a fait condamner sur ses fausses dépositions, quelle que soit la gravité de cette peine (2); qu'enfin le ravisseur peut être puni de dix ou même de quinze ans de galères (3).

Il est encore un autre crime que la loi romaine punit avec beaucoup plus de sévérité que la loi française : nous voulons parler de l'adultère. En France, la loi établit une distinction entre le crime du mari et celui de la femme; à Rome, cette distinction, que rien ne semble justifier, n'existe pas. « *L'adultère commis avec violence est puni de la galère perpétuelle; s'il est commis sans violence, la peine est diminuée pour* l'un ou l'autre *des deux délinquants à cinq années de galères* (4). » Nous trouvons cette disposition juste et logique, quoiqu'elle ne se retrouve dans aucun des Codes criminels des autres États européens. Aucun, c'est trop dire : elle vient au contraire d'être adoptée dans le nouveau Code pénal du Portugal, et nous la trouvons justifiée ainsi qu'il suit dans

dans la prison ou dans quelque autre lieu de détention et fait en vue de l'utilité publique; mais ce n'est nullement le bagne.

(1) Règ. criminel, art. 184.

(2) Cette disposition nous semble très-importante : dans un pays où la dénonciation est autorisée et réglementée, il fallait comme correctif un moyen puissant de prévenir les funestes effets de la mauvaise foi (art. 153).

(3) Règ. criminel, art. 179-180.

(4) Règ. crim., art. 176. C'est la seule disposition qu'on trouve dans le Code romain concernant l'adultère.

un remarquable rapport qui vient d'être publié sur ce Code (1).

« La *violation de la loi morale* est *la même*, dans « l'adultère, de la part du mari ou de la femme ; « *l'offense* envers la société est aussi *la même*, bien « que le mari n'ait pas entretenu sa concubine dans « le domicile conjugal. Telle est la doctrine du « christianisme, exposée par saint Jérôme : *Chez « nous, dit-il, ce qui est défendu à la femme l'est « également à l'homme. Il y a sur ce point divergence « entre les lois du Christ et celles des Empereurs : « saint Paul et Papinien ne nous enseignent pas la « même doctrine. Les lois civiles accordent toutes in-« demnités à l'impudicité de l'homme et ne condam-« nent son adultère qu'avec une femme mariée ; il n'en « est pas ainsi pour le chrétien : si le mari peut ré-« pudier la femme pour cause d'adultère, le même « droit existe pour la femme ; les conditions du con-« trat sont égales ; eu égard à la foi conjugale, leurs « obligations sont les mêmes* (2). Ces idées si pures « avaient pénétré dans les Constitutions de Constan-« tin ; mais la loi Julia, qui défend à la femme d'in-« tenter contre son mari l'accusation d'adultère, « prévalut, et fut suivie dans presque toute l'Europe, « malgré la doctrine de l'Église.

(1) Rapport de la commission consultative chargée d'élaborer le projet de Code pénal en Portugal. V. la *Revue critique de législation* de juillet 1861.

(2) *Divi Hieronymi Stridoniensis epistolæ selectæ.* Paris, 1718; *Epist.* 77 *ad decanum de morte Fabiolæ.*

De l'influence du Christianisme sur le droit, par M. l'abbé Vistre. Paris, 1858.

« .....Néanmoins, la commission a cru devoir rendre
« hommage aux vrais principes en déclarant punis-
« sable l'adultère du mari *dans tous les cas;* et, bien
« qu'elle considère comme plus grave celui de la
« femme, elle est convaincue que les écrivains se sont
« presque toujours trop préoccupés des conséquences
« funestes de l'adultère de celle-ci, comme si l'adul-
« tère du mari n'était pas le plus souvent commis,
« soit avec une femme mariée, soit en séduisant une
« jeune fille sans réparation possible, en la livrant
« au déshonneur et au désespoir, causes ordinaires
« de suicide, si même, pour comble de malheur, il
« ne l'entraîne pas à la prostitution et au crime. »

Le projet de Code de Portugal accepte donc, comme un progrès, la doctrine du Règlement criminel romain, et il nous semble qu'on ne peut qu'applaudir à l'introduction d'un pareil principe dans la loi. En France, en effet, ce ne fut qu'après de vives discussions au Conseil d'État, et malgré l'opinion de Régnier, que la distinction entre l'adultère du mari et celui de la femme fut admise dans notre Code ; et même, aujourd'hui, tous les tribunaux s'efforcent de neutraliser l'effet de cette disposition arbitraire, à l'aide d'un subterfuge, en considérant l'adultère du mari, alors même qu'il n'a pas entretenu sa concubine dans la maison conjugale, comme une injure assez grave faite à la femme pour motiver la séparation de corps.

La législation romaine est donc, sur ce point, plutôt progressive et libérale : si l'on veut bien remarquer maintenant que, dans tous les autres cas que nous avons signalés parce qu'ils sont les plus remarquables, il s'agit d'assurer le repos et la tranquillité de tous les citoyens, de protéger l'honnêteté publique et de garantir la vertu contre la malveillance et les embûches du vice, on trouvera peut-être que la loi, en se montrant plus sévère que la nôtre, n'a pas pour cela cessé d'être juste : la réputation de l'honnête homme est pour lui un bien plus précieux bien souvent que sa maison ou son champ : pourquoi donc ce bien-là serait-il moins protégé que les autres par le législateur ? Et puis, disons-le encore, qu'une législation pénale abaisse progressivement sa pénalité à mesure que, d'un autre côté, l'éducation et la civilisation élèvent peu à peu le niveau intellectuel et moral, rien de mieux, rien de plus désirable : mais que le législateur se garde bien de devancer le mouvement de l'esprit populaire; car, en relâchant trop tôt les chaînes qui retiennent le mal, il comprime et étouffe tout l'essor du bien.

La législation pénale romaine comparée rigoureusement avec celle de la France, n'en diffère donc que par quelques points de détail, tels que ceux que nous avons signalés : que, dans un même cas, l'un des Codes prononce un an, par exemple, et l'autre, trois ans de prison, il nous semble que cela est de peu d'importance au point de vue général. Or on ne peut se dissimuler qu'à Rome la masse des intelligences ne soit moins éclairée qu'en France ; les deux peuples n'ont ni les mêmes tendances ni les mêmes instincts ; il n'est donc pas étonnant qu'ils ne profitent pas de la même manière des bienfaits d'une civilisation qui étend sur eux son égale influence. Il faut donc que la loi romaine conserve encore sur

quelques points un caractère de sévérité et de rigueur, afin que la peine, en tombant sur une nature
plus grossière, plus abrupte, produise une impression
équivalente : la punition est dans le fait et dans
l'exemple.

Nous ne croyons donc pas que le *Règlement sur les
délits et les peines* soit un souvenir barbare d'une
civilisation d'un autre âge. Fait après la révolution
française de 1830, il se ressent de l'heureuse influence que les idées libérales, émises par la France,
avaient propagée en Europe à cette époque ; aussi le
croyons-nous plutôt le produit d'une civilisation
nouvelle et naissante ; et c'est à ce titre seulement
que nous le croyons susceptible de perfectionnements
et de réformes. Ce n'est point un arbre dont la séve
est épuisée et qu'il faut abattre ; c'est plutôt un jeune
rejeton à qui les années seules peuvent faire prendre tout son développement et toute sa force.

Que si maintenant les peines édictées sont sévères,
c'est aux méchants seuls à trembler ; les bons n'ont
rien à craindre des lois criminelles. « Les princes en
« effet, dit encore saint Paul, sont établis par Dieu
« pour se rendre terribles, non pas aux bons, mais
« aux méchants. Qui veut n'avoir point sujet de re-
« douter leur puissance, n'a qu'à bien faire ; car ils
« sont les ministres des colères divines pour le mal
« seulement ! »

CHAPITRE III.

LOIS ADMINISTRATIVES.

Indiquer sommairement l'organisation politique
du gouvernement pontifical et faire connaître les
lois qui règlent, à Rome, la matière des impôts, tel
est le but du présent chapitre : or, pour ne pas courir à chaque instant le risque, en parlant de la
constitution politique des États du Saint-Père, d'ef-
fleurer la question, si débattue de nos jours, du
pouvoir temporel, et de faire hors de propos une in-
cursion sur le terrain de la politique, nous nous
bornerons ici, encore plus strictement que nous ne
l'avons fait jusqu'à présent, à citer simplement les
faits, sans chercher à les commenter; nous indiquerons seulement, pour en justifier quelques-uns, s'il
en était besoin, aux yeux du lecteur français, leurs
raisons d'être au point de vue romain. Si maintenant
nous parvenons ainsi à prouver que les habitants de

Rome jouissent actuellement d'un gouvernement qui, sous le rapport matériel, pour ainsi dire, est pour eux infiniment préférable à tout autre, nous croirons n'avoir pas failli à notre tâche, et nous nous applaudirons d'avoir contribué à motiver cette conclusion que nous croyons, pour notre part, l'expression même de la vérité.

I.

Au sommet et comme chef suprême du gouvernement à Rome, est le Pape, qui jouit d'une autorité absolue. Il réunit entre ses mains le pouvoir législatif et le pouvoir exécutif, et même, en certains cas particuliers, le pouvoir judiciaire ; il nomme à tous les emplois, fait tous les traités et toutes les conventions avec les puissances étrangères.

Le pouvoir souverain du Saint-Père n'est soumis à aucun contrôle ; il est simplement soutenu ou dirigé par certains conseils que le Pape peut demander, sans qu'on puisse les lui imposer jamais. Ce pouvoir serait sans doute exorbitant et dangereux même à cause de son étendue, si, comme l'a dit le philosophe anglais Addison, « le Pape n'était ordinairement un « homme de grand savoir et de grande vertu, par- « venu à la maturité de l'âge et de l'expérience, « qui a rarement ou vanité ou plaisirs à satisfaire « aux dépens de son peuple. »

Le Pape exerce ses pouvoirs exécutif et législatif par le moyen de son secrétaire d'État, et son pouvoir

judiciaire par l'intermédiaire de l'*uditore santissimo
ossia del Papa*. Le cardinal secrétaire d'État jouit de
tous les pouvoirs attribués antérieurement à un premier ministre : c'est lui qui publie les édits et les
ordonnances; c'est lui qui est chargé de diriger
toute la politique extérieure (ministère des affaires
étrangères) ; c'est lui qui préside le conseil des ministres.

Quatre ministres seulement sont chargés, à Rome,
du soin de toutes les affaires de l'État : le ministre
de l'intérieur, qui a parmi ses attributions la direction générale de la police et le département de la
justice; le ministre des finances; le ministre de l'a-
griculture, du commerce et des travaux publics, et
le ministre des armes.

Les ministres, le directeur général de la police,
l'avocat général du fisc et *della R. C. A.*, forment le
conseil des ministres : un secrétaire laïque et deux
prélats qui n'ont pas de portefeuille complètent l'ensemble du conseil. Tous ces fonctionnaires sont directement nommés par le Pape.

Le conseil des ministres forme ce qu'on pourrait
appeler le gouvernement actif : le gouvernement dé-
libérant est représenté par le sacré collége des cardinaux, le conseil d'État, la sacrée consulte pour les
finances et quelques autres congrégations ou commissions, chargées de services spéciaux.

Le sacré collége est composé de tous les cardinaux,
qui ne peuvent être en nombre plus considérable
que soixante-dix : les cardinaux peuvent être prêtres
ou simplement diacres; ces derniers ne prononcent
que certains vœux. Le sacré collége s'occupe des

affaires de la chrétienté d'abord et discute ensuite les affaires intérieures de l'État : il est présidé par Sa Sainteté.

Le conseil d'État est une assemblée composée en grande partie de laïques, et nommée par le Pape. Les conseillers d'État étaient choisis, avant l'invasion, parmi les personnages influents des provinces pontificales dont ils avaient mission de représenter les intérêts et de faire connaître les vœux.

Aujourd'hui, les attributions principales du conseil d'État sont celles que lui a conférées la loi du 2 juin 1851, qui a remis à ce corps l'exercice de la juridiction du contentieux administratif; le conseil est divisé pour cela en trois commissions qui jugent, l'une en première instance, l'autre en appel, et la troisième en révision. Le conseil d'État est aussi chargé de préparer les projets de loi, dont l'initiative émane directement du gouvernement; il est présidé par un cardinal.

La consulte d'État pour les finances est une assemblée composée aussi en grande partie de laïques et chargée principalement de la répartition de l'impôt et de la fixation du budget. Les membres de la consulte représentent, ou plutôt représentaient chacun une province, dont ils devaient faire connaître les ressources pour l'impôt. Leur mission consiste à proposer chaque année, contradictoirement ou conjointement avec la direction générale des finances, un chiffre qui s'applique à chacun des articles du budget, soit pour les recettes, soit pour les dépenses. Le Pape examine avec soin les chiffres qui sont proposés par l'une et par l'autre commission, et décide sur chaque article quelle sera celle des deux sommes qu'on devra dépenser ou percevoir.

Telle est, en quelques mots, l'organisation générale du gouvernement pontifical. Nous pourrions maintenant signaler aussi l'organisation politique autrefois en vigueur dans les provinces romaines ; mais nous tenons absolument, en cette matière, à rester purement et simplement dans le domaine des faits ; nous n'analyserons donc point ici en détail l'édit rendu le 22 novembre 1850, par le cardinal Antonelli, en conséquence du *motu proprio* du 12 septembre 1849, qui réglait le gouvernement des provinces et l'administration provinciale ; nous dirons seulement en quelques mots quelle est actuellement l'administration des quatre provinces qui, avec Rome et son territoire, forment aujourd'hui les États du Saint-Père.

Ces quatre provinces, qu'on nomme les délégations, sont celles de Viterbe, de Civita-Vecchia, de Frosinone et de Velletri. L'autorité gouvernementale et administrative y est exercée par un magistrat nommé par le Saint-Père, qui porte le titre de délégat : ce délégat est assisté de deux secrétaires et d'une commission consultative de gouvernement. Dans chaque chef-lieu de canton ou d'arrondissement, est un magistrat qui porte les titres de gouverneur, de prieur ou de gonfalonier, selon la nature de son caractère ou de la classe à laquelle il appartient. Les gouverneurs exercent les attributions judiciaires qui leur sont dévolues par la loi.

Le délégats administrent les intérêts financiers de la province dont ils sont chargés, avec l'aide d'une commission administrative et d'un conseil provincial. Les gouverneurs règlent les intérêts privés de leur commune.

La province de Rome est administrée d'une manière analogue aux autres provinces ; elle est néanmoins soumise d'une façon plus directe à l'action du gouvernement ; elle dépend plus immédiatement de l'autorité souveraine ; en un mot, elle est moins *décentralisée*.

Quant à la ville de Rome elle-même, indépendamment de l'administration gouvernementale proprement dite, elle possède encore une organisation particulière qui remonte à l'origine du pouvoir temporel des papes.

Le chef du municipe de Rome, le gouverneur ou maire de la ville porte, aujourd'hui comme autrefois, le titre de sénateur de Rome ; le Capitole voit encore resplendir au-dessus de sa grille dorée les quatre lettres symboliques et le faisceau consulaire que les anciens Romains avaient su faire respecter et craindre par tous les peuples de la terre : S. P. Q. R., *senatus populusque romanus !*

Le sénateur était autrefois élu directement par le peuple et il concentrait entre ses mains tous les pouvoirs que pouvaient exercer, en dehors de l'action gouvernementale, tous les magistrats laïques. L'autorité tout indépendante du sénateur enlevait souvent au Pape toute influence dans la ville de Rome : aussi vit-on, en 1281, le pape Martin IV solliciter pour lui-même cette dignité et se présenter aux suffrages populaires.

Le Pape fut élu, « *non en raison de sa dignité pon-*

« *tificale, mais à cause de sa personne, issue de noble*
« *race,* » avec cette condition expresse que son élec-
tion « *ne diminuerait ni n'augmenterait en rien le*
« *droit du peuple ou de l'Église romaine, pour l'élec-*
« *tion du sénateur, après la vie du pape Martin.* »
Ce droit fut conservé au peuple jusqu'en 1393 : à
cette époque le pape Boniface IX, touché de l'état mi-
sérable dans lequel se trouvait la ville, conclut avec
les Romains une convention par laquelle il acquérait
le droit de choisir le sénateur qui restait payé par la
ville et qui était investi d'une autorité absolue sur
tous les autres magistrats de la cité. « C'est ainsi,
« comme l'écrivit plus tard le cardinal Gilles de Vi-
« terbe, que le grand pouvoir de la vertu fit enfin,
« après tant de siècles, que le pape put gouverner
« tout à Rome, selon sa volonté. »

Aujourd'hui le sénateur est encore nommé directement par le pape, ainsi que les conservateurs :
ces magistrats, au nombre de vingt environ, forment
ce que l'on pourrait appeler le Conseil municipal.
Le sénateur et les conservateurs sont chargés de la
police des théâtres, de l'entretien et de la propreté
des rues et des places publiques, et de tout ce qui a
rapport à la voirie ; ils doivent enfin surveiller la
bonne qualité des denrées alimentaires qui sont
chaque jour exposées sur les marchés publics ou
mises en vente dans les magasins de détail. Le municipe administre les finances de la ville, dont les
principales ressources consistent en quelques impôts
particuliers, spéciaux pour la ville de Rome (taxes
sur les chevaux de luxe, amendes pour contraventions
aux arrêtés municipaux, etc.), qui remplacent notre

droit d'octroi ; il nomme encore à différents emplois municipaux.

Telle est, en quelques mots, l'organisation politique de l'État tout entier et l'administration particulière de la capitale : nous n'avons pas à porter ici un jugement sur ce système gouvernemental ; nous ne cherchons qu'à fournir un ensemble de documents et de preuves. Aussi est-ce à ce titre que nous nous permettons d'ajouter, pour éclairer plus complétement certains esprits libéraux qui demandent avec tant d'instance la sécularisation de tous les emplois dans l'administration romaine, que, d'après les calculs du savant historien de *Rome chrétienne*, le nombre des employés ecclésiastiques, n'était, dans ces dernières années, que de 100 contre 6,836 employés laïques ; et que les traitements des premiers formaient un total de 190,000 écus (1,016,500 fr.) ; tandis que ceux des seconds s'élevaient jusqu'à 1,186,000 écus (6,315,100 fr.). Enfin qu'on nous permette de terminer cette matière en citant une appréciation de Gibbon que nous empruntons au livre *du Pape* de J. de Maistre, et qui se trouve juste encore aujourd'hui dans presque tous ses détails. « Si « l'on calcule de sang froid, dit le célèbre philosophe « anglais, les avantages et les défauts du gouverne- « ment pontifical, on peut le louer dans son état « actuel comme une administration douce, décente « et paisible, qui n'a pas à craindre les dangers « d'une minorité ou la fougue d'un jeune prince, « qui n'est point minée par le luxe et qui est affran- « chie des malheurs de la guerre. »

II.

Quels sont les impôts qui grèvent les sujets pontificaux et quelle est la manière dont ils sont établis et
perçus? c'est ce que nous allons indiquer ici.

On a beaucoup parlé, dans ces derniers temps, du
denier de saint Pierre et l'on a pas craint de critiquer et de dénigrer même l'honorable dévouement
des peuples catholiques qui se sont empressés à
l'envi de déposer leurs humbles offrandes aux pieds
du saint-siége ; il nous semble qu'on aurait usé d'un
peu plus de modération si l'on avait songé que le
gouvernement pontifical ne faisait ainsi appel au dévouement de la chrétienté tout entière que pour
épargner à ses propres sujets une augmentation et un
surcroît d'impôts qui lui eussent semblé injustes et
condamnables. En effet, malgré la détresse et les
embarras qu'ont amenés les circonstances actuelles,
le nombre des impôts et leur quotité n'ont pas été
augmentés par le gouvernement ; et sans doute, il
eût pu parfaitement le faire sans injustice, puisque
le peuple romain est celui de tous les peuples de
l'Europe qui paye encore aujourd'hui le moins de
contributions directes ou indirectes.

Deux impôts directs seulement sont établis à
Rome : 1° la *dativa*, qui frappe la propriété foncière,
qu'elle soit située à la ville ou à la campagne, et qui
se compose d'un droit fixe et proportionnel, et
d'un décime additionnel pour l'entretien des routes

nationales et des voies publiques ; 2° *les patentes.*

L'impôt foncier consiste en un droit fort peu considérable en lui-même puisqu'il ne rapportait au gouvernement, quand les États pontificaux étaient dans toute leur intégrité, qu'une somme de 13 à 14 millions de francs environ (1) : aujourd'hui, comme la quotité est restée la même, le rendement de cet impôt est devenu presque insignifiant.

Le droit d'exercice ou les patentes n'a été établi dans les États romains que depuis l'année 1854 : cet impôt frappe toutes les professions manuelles et certaines professions libérales. La moyenne du droit de patentes pour les commerçants est de 40 à 50 fr. par an ; quant aux professions libérales, sont assujettis à payer la patente : les avocats, les procureurs, les notaires, les agents d'affaires, les agents de change, les médecins et les pharmaciens ; la moyenne des patentes pour les arts libéraux ne dépasse pas non plus 60 fr. par an.

Malgré la modicité extrême de ce droit, il n'en a pas moins été fort mal vu par la population, et dans beaucoup de communes, la perception de l'impôt a été fort difficile, pour ne pas dire tout à fait impossible. Le gouvernement pontifical, au lieu d'user de moyens de rigueur, a fait droit implicitement aux réclamations et aux protestations des nouveaux contribuables. Imposer le génie, les talents ou les connaissances intellectuelles de chacun est une me-

____

(1) Tous les chiffres que nous indiquons dans le présent chapitre sont tirés du dernier compte général que vient de publier le gouvernement pontifical, sous ce titre : *Conto consuntivo generale della pubblica amministrazione per l'esercizio* 1858.

sure qui lui a paru, à lui aussi, parfaitement inique ; et l'on s'occupe actuellement au ministère des finances de trouver une autre combinaison qui puisse permettre d'abroger le droit d'exercice et de le remplacer par une contribution plus conforme à l'esprit essentiellement paternel de l'administration du Saint-Père.

Les ressources du gouvernement consistent donc principalement dans les impôts indirects et dans les droits de douane.

Surcharger les impôts de douane a paru, comme nous l'avons dit dans notre Introduction, un excellent moyen de protection accordé au commerce intérieur : aussi voyons-nous l'exportation et surtout l'importation très-sévèrement assujetties à des droits considérables : céréales, bestiaux, marchandises et produits alimentaires ne peuvent être introduits, exportés, ou même transportés dans l'intérieur de l'État, qu'en payant au trésor des droits qui forment une somme totale d'environ 1,650,000 écus (8,827,500 fr. par an). Des droits particuliers sont de plus exigés pour l'enmagasinage des marchandises dans les entrepôts de l'État et pour le timbre de la douane qui y est apposé, lorsque toutes les autres taxes ont été payées.

Les autres impôts qui font encore partie de l'administration des douanes, à Rome, sont : le droit de consommation et de mouture, la régie des sels et des tabacs, et certaines taxes particulières. Le droit de consommation pèse sur la viande, le poisson frais, les fourrages et les boissons : toutes choses qui sont sujettes, en France, à l'octroi. Le droit de mouture est un impôt spécial établi sur les céréales : chaque propriétaire est assujetti à payer au fisc un droit proportionnel à la quantité de grains qu'il fait moudre ; or, cet impôt dont le principe est essentiellement équitable , puisqu'il ne frappe fortement que sur le riche et qu'il épargne le pauvre, rapporte seulement à l'État, pour Rome et l'*agro romano*, une somme de 372,000 écus (1,690,000 fr. environ). La régie des sels et des tabacs n'est autre chose que le monopole de la fabrication des tabacs et de l'exploitation des salines (celles-ci sont situées à Cervia, à Comacchio et à Corneto) que se réserve le gouvernement : l'impôt sur les tabacs a produit, en 1858, une somme de 18,500,000 francs environ. Quant aux taxes particulières que nous avons signalées plus haut, elles consistent dans certains droits de navigation sur le Tibre, de santé et d'ancrage dans les ports de mer, de péage sur certains ponts.

Les impôts indirects, proprement dits, sont 1° *le timbre*, qui s'applique à tous les actes pour lesquels ce droit est également exigé aujourd'hui (1), en France : actes judiciaires, actes notariés, actes de donations, affiches, estampes, etc.; 2° *l'enregistrement*, qui est obligatoire pour tous les contrats qui peuvent intéresser des tiers; droits de succession, transmissions fidéicommissaires, etc. Or il est nécessaire de faire remarquer ici que les droits de succession ne se payent qu'autant que l'hérédité échoit à des collatéraux : aucun droit n'est exigé ni perçu quand il s'agit d'une succession directe. Imposer l'acte essentielle-

(1) Décembre 1861.

ment naturel par lequel un fils recueille la fortune de son père défunt, a paru au gouvernement pontifical une iniquité et un abus. L'État ne perçoit donc aucun droit quand les enfants succèdent directement à leur auteur : il n'exige de droits de succession que lorsque la fortune du *de cujus* échoit à des collatéraux, quel que soit au reste le degré de parenté de ces héritiers avec le défunt ; 3° *la taxe en matière hypothécaire*, pour l'inscription et la transcription des hypothèques ; 4° *le monopole des cartes à jouer ;* 5° *l'impôt sur les tombolas et autres loteries particulières.*

Pour terminer cette matière, nous citerons enfin trois impôts ou plutôt trois monopoles que le gouvernement s'est réservés et dont le payement est parfaitement volontaire de la part des contribuables : l'administration des postes (poste aux lettres et poste aux chevaux), et le service des chemins de fer ; la loterie dont le produit n'a été, en 1858, que de 5,300,000 francs ; enfin le contrôle, pour les matières d'or et d'argent travaillées et mises en vente dans le commerce.

Tel est, dans toute son étendue, l'ensemble des impôts qui pèsent sur le peuple romain : impôts directs, les plus lourds à supporter, parce qu'on les paye d'après un rôle estimatif et de la main à la main : deux seulement, au lieu des quatre que nous avons en France ; impôts indirects, la plupart de ceux que nous payons en France, moins pourtant quelques-uns, comme l'impôt sur les chiens, les droits sur la pêche, etc ; la loterie en plus, c'est vrai ; mais que le gouvernement supprime la loterie à

Rome, et le peuple romain la reconstituera ; c'est un mal nécessaire, le seul dérivatif qui puisse détourner la population de tous ces jeux de hasard bien autrement dangereux, parce qu'ils ne peuvent être ni réglementés, ni surveillés, que les lois ont sévèrement proscrits et auxquels elle ne manquerait pas de s'adonner avec fureur, si elle n'avait plus un moyen légal de satisfaire une passion qui, chez elle, est innée et invincible : bref, à part cette dernière contribution que nous ne défendons pas, on peut constater que le système général des impôts est infiniment plus paternel et plus doux à Rome qu'en aucun pays d'Europe. C'est ce qu'établissait clairement, en 1848, dans un de ses derniers discours, le célèbre comte Rossi, et nous nous bornerons à citer comme dernier et meilleur document, ces remarquables paroles du ministre libéral : « Les sujets de « l'État pontifical, disait-il, ne payent à l'heure qu'il « est, *en impôts de toute nature*, qu'environ trois écus « par tête, tandis que les Anglais en payent au moins « dix, les Français neuf, et que les sujets des autres « pays en payent cinq et six. Je ne sais s'il y a un « pays au monde où l'on paye moins de trois écus ; « mais je crois pouvoir affirmer que cela ne saurait « être dans aucun pays dont les côtes soient, comme « les nôtres, baignées par deux mers, et dont le sol « soit aussi riche et le climat aussi doux ! »

SECONDE PARTIE.

—

DE L'ADMINISTRATION DE LA JUSTICE.

CHAPITRE PREMIER.

JUSTICE CIVILE.

Après avoir donné un aperçu fidèle des lois qui régissent les intérêts des particuliers et fait connaître l'ensemble des peines qui punissent les criminels, après avoir exposé sommairement le système d'organisation politique et financière des États pontificaux, il nous reste à expliquer comment se rend la justice, à Rome ; et quels sont les tribunaux qui sont chargés de faire exécuter et respecter les lois.

Nous parlerons d'abord de l'organisation judiciaire pour les affaires civiles ; nous dirons ensuite quelques mots de la juridiction et de l'instruction criminelles.

Le système judiciaire civil, en vigueur aujourd'hui dans les États de l'Église, a encore pour base le Règlement civil et judiciaire, signalé dans la première partie de ce travail, qui fut promulgué en 1834, sous le pontificat de Grégoire XVI. Avant les réformes introduites dans la marche des affaires par cet édit, l'administration de la justice était, à Rome, fort défectueuse; l'excellence des lois se trouvait neutralisée par les embarras d'une procédure lente et difficile et les inconvénients ou les excès d'une organisation judiciaire mal réglée et mal définie. Les procès étaient multiples et interminables, parce qu'on se conformait, pour rendre la justice, à des coutumes et à des usages différents avec les différentes provinces; de tous les points, même les plus reculés des États pontificaux, il fallait, pour obtenir un jugement définitif, recourir aux tribunaux de Rome; les causes étaient plaidées devant un seul juge et en langue latine; enfin les sentences ne contenaient pas l'exposé des motifs et les raisons de juger. Le Règlement de Grégoire XVI, sur les bases du Code de procédure de Pie VII, a modifié tout cela et jeté les fondements d'une organisation judiciaire complète et disciplinée : en un mot, c'est ce règlement qui a constitué, dans son ensemble, toute l'administration de la justice. Différentes circulaires ministérielles, différents édits sont venus depuis, à différentes époques, expliquer ou modifier quelques-unes des dispositions de ce code; mais la base est restée constamment la même et la masse de l'édifice a été conservée et maintenue.

L'organisation de la juridiction criminelle date également du même pontificat. Ce fut en 1831 que le cardinal Bernetti, au nom du Saint-Père, publia *le Règlement organique de procédure criminelle* qui

établit « les règles si importantes de la *justice pu-*
« *nitive*, à qui est confiée la tutelle de l'honneur, de
« la vie et de la liberté des citoyens, afin d'obvier
« autant que possible, au moyen d'une méthode fixe
« et invariable, aux dangers si graves que peut entraî-
« ner l'incertitude des lois en pareille matière (1). »

Cet édit fut, comme le précédent, l'objet de plusieurs circulaires ministérielles qui y apportèrent
quelques modifications ou en expliquèrent quelques
points que la pratique avait trouvés obscurs ; mais
il fut néanmoins maintenu intégralement dans son
ensemble et règle encore aujourd'hui, à Rome, toute
la marche de la procédure criminelle.

SECTION PREMIÈRE.

DES TRIBUNAUX CIVILS.

Avant d'entrer d'une manière spéciale dans l'examen de l'organisation judiciaire, telle qu'elle existe
aujourd'hui, nous croyons nécessaire d'indiquer auparavant comment elle existait hier ; c'est-à-dire
qu'il nous paraît impossible, dans un travail où nous
nous occupons de la justice dans les États pontificaux,
de passer entièrement sous silence l'organisation spéciale qu'avait l'administration de la justice dans les
provinces des États romains avant que les événe-

_____

(1) Édit du 5 nov. 1831, qui promulgue le *Règlement organique
de procédure criminelle.*

ments politiques aient brusquement divisé le patrimoine de saint Pierre et séparé, au moins en fait,
si ce n'est en droit, presque toutes les provinces de
la métropole. Les prescriptions du Règlement judiciaire, concernant l'administration de la justice dans
les provinces, ont encore, à Rome, force de lois; nul
décret du Souverain Pontife n'est venu les abroger;
elle existent donc encore, mutilées en fait, mais
complètes en théorie; elles font donc encore partie
de l'ensemble des lois romaines : nous ne voyons
pas pourquoi nous irions les en détacher de notre
propre autorité, et passer sous silence, par notre seule
volonté, le peu qui en reste encore en vigueur à
présent dans l'unique province que forme *l'agro romano :* peut-être le jour n'est pas éloigné où notre
travail deviendrait, à cause de cette omission irré-
fléchie, encore plus défectueux et encore plus incomplet !

Avant donc que tous les États du Saint-Père
fussent réduits à Rome et à *l'agro romano*, la justice
était rendue, dans les provinces, par des tribunaux
particuliers qui avaient une organisation spéciale,
quoique parfaitement assimilable néanmoins à celle
des tribunaux de Rome. De même en France, la
concentration de la population et le nombre des
procès ont nécessité quelques modifications dans
l'organisation des tribunaux et des cours qui siégent
à Paris : à Rome, les mêmes raisons avaient fait
établir, dans la capitale de tous les États, un ensemble plus complet et plus large d'organisation judiciaire.

La justice était rendue dans les provinces pontifi-

cales, avant l'invasion du territoire, par les gouverneurs d'abord, des tribunaux civils ou de première
instance et deux tribunaux d'appel, siégeant l'un à
Bologne et l'autre à Macerata.

Les gouverneurs n'avaient qu'un pouvoir judiciaire peu étendu, qui ne leur était attribué en
quelque sorte que comme corollaire de leurs fonctions administratives. Représentant du pouvoir exécutif, ils ne pouvaient pas, à cause du principe de
la séparation des pouvoirs, réunir complétement
entre leurs mains les deux ordres d'attributions à la
fois ; leurs fonctions judiciaires se bornaient donc à
concilier les parties, à prévenir les procès, à décider
les questions de détail qui exigent une solution
prompte et plutôt pratique que théorique, pour ainsi
dire ; à remplir, en un mot, le rôle d'officiers de paix,
et non pas à prononcer des sentences ayant force de
loi ou à rédiger des jugements qui pussent faire autorité pour l'avenir.

Ils connaissaient et décidaient, en première instance seulement des causes, dans lesquelles il s'a-
gissait d'une somme inférieure à deux cents écus
(1070 francs), et dans lesquelles encore ne se trouvaient engagés que des intérêts privés, c'est-à-dire
dans lesquelles les intérêts d'une commune ou d'une
province n'étaient pas mis en cause ; ils réglaient les
contestations nées au sujet des provisions alimentaires dans les successions ; au sujet des gages dus
pour des travaux journaliers aux domestiques ou aux
autres personnes de service ; au sujet des dommages
causés entre voisins sur leurs limites recpectives ; ils
pouvaient faire respecter enfin la possession momen-

tanée et sommaire, en ayant égard au fait seul de la possession et sans avoir le droit de décider en rien sur l'action pétitoire.

Leurs fonctions en un mot étaient assimilables en quelque sorte à celles de nos juges de paix, en France : ils jugeaient plutôt en fait qu'en droit, sauf recours laissé aux parties devant les tribunaux compétents. Ils jugeaient en outre, dans les communes où ne se trouvaient pas de tribunaux de commerce, toutes les causes ayant rapport à des contrats faits en matière commerciale et se conformaient pour cela aux formes et aux lois qui règlent la matière, sauf l'appel permis aux parties.

Au-dessus des gouverneurs étaient institués les tribunaux civils, qui à eux seuls, occupaient véritablement le premier degré dans la hiérarchie judiciaire (1).

Chaque chef-lieu d'une province était le siége d'un tribunal civil; et cela, indépendamment de quelques autres villes qui avaient aussi le privilége d'en posséder. Les tribunaux civils des chefs-lieux étaient composés de six magistrats : un président, un vice-président et quatre juges; qui formaient deux chambres de trois magistrats chacune, dont la seconde était présidée par le vice-président. Les tribunaux qui résidaient dans les villes, autres que des chefs-

(1) Les tribunaux civils, institués dans le territoire romain, à Viterbe, à Civita-Vecchia, à Velletri et à Frosinone, sont les seuls, parmi tous les tribunaux des provinces, qui existent encore en fait aujourd'hui. L'appel contre les jugements rendus par ces tribunaux est porté directement devant le tribunal civil de Rome, tribunal *dell' A. C.*

lieux, n'étaient composés que de trois magistrats dont l'un portait le titre de président.

Ces tribunaux jugeaient en première instance et avaient pour mission de décider : des causes supérieures à deux cents écus ou d'une valeur indéterminée ; de toutes les causes, de quelque valeur qu'elles fussent, qui concernaient les intérêts d'une commune ou de la province, ou bien qui avaient pour but de libérer un fonds grevé d'hypothèques, en autorisant l'annulation ou la réduction des inscriptions ; de toutes les contestations nées en matière hypothécaire et en matière de successions ; de toutes les actions enfin dirigées contre les absents, quelle que fût la valeur de la cause. Ils connaissaient également de tous les procès relatifs à l'état des personnes ; mais, en pareille matière et à cause de l'importance des décisions rendues, ils ne pouvaient juger que toutes les chambres réunies.

Les tribunaux civils de première instance étaient également chargés de l'appel contre les sentences des gouverneurs. Pour éviter les recours des parties devant les tribunaux supérieurs trop éloignés et supprimer, autant que possible, les lenteurs et les embarras de la procédure, deux tribunaux d'appel avaient été institués dans les provinces.

Ces tribunaux se composaient d'un président et de six juges ; cinq votes au moins étaient nécessaires pour valider une sentence, et encore, pour les causes concernant l'état des personnes, la présence et l'avis de tous les magistrats formant le tribunal étaient indispensables.

La juridiction respective de chacun de ces deux

tribunaux était déterminée d'une manière expresse par la loi; et, comme le tribunal d'appel de Macerata avait un ressort beaucoup plus étendu que celui de Bologne (huit provinces ou districts au lieu de quatre), un tribunal supplémentaire de seconde instance, pour les matières commerciales, seulement, avait été maintenu à Ancône, où il avait été créé précédemment par un édit du pape Pie VIII, en date du 26 février 1830.

Les tribunaux d'appel jugeaient au second degré toutes les causes décidées en première instance par les tribunaux de commerce; ils connaissaient en outre, mais jugeaient en dernier ressort les sentences émanées des gouverneurs et jugées contrairement en appel par les tribunaux civils. Après les jugements rendus en appel par ces deux tribunaux un seul recours était encore ouvert aux plaideurs; il était alors porté à Rome, devant le tribunal de la Rote.

L'administration de la justice dans les provinces était donc aussi complète et aussi indépendante que possible. Soumise au contrôle suprême d'un tribunal de Rome, elle n'était néanmoins pas enchaînée ni entravée par lui; et les divers États du Saint Père jouissaient d'une organisation judiciaire analogue à celle qui régit les divers départements de la France, uniforme dans son ensemble, mais divisée en plusieurs branches, de façon que la justice fût rendue à tous séparément, mais d'après une règle et des formes uniques, sous la surveillance d'une cour suprême.

§ 1er.

DE L'ORGANISATION DES TRIBUNAUX CIVILS.

Nous avons à nous occuper maintenant de l'administration de la justice à Rome, c'est-à-dire de l'organisation judiciaire actuellement existante, puisque de tous les tribunaux que nous venons d'énumérer, quelques-uns seulement fonctionnent encore. Comme nous avons affaire ici à des faits présents et non plus à des souvenirs du passé, nous avons dessein d'entrer plus avant dans les détails, de façon à faire mieux voir avec quel soin et même avec quelle minutie tout est réglé et prévu dans cette organisation judiciaire qu'on a calomniée avec d'autaut plus d'âpreté et de succès que les uns et les autres pouvaient, faute de documents et de preuves, ou ne pas la connaître, ou feindre de l'ignorer.

Disons tout d'abord que le nombre des tribunaux civils, actuellement en fonctions à Rome, n'est pas, à proprement parler, plus considérable qu'en France, quoiqu'on ait prétendu et imprimé, dans ces derniers temps, que quarante-sept tribunaux étaient institués à Rome et fonctionnaient en matières de justice civile et criminelle.

En effet, trois degrés de juridiction, pour les causes ordinaires ; quatre, dans certains cas extraordinaires ; trois tribunaux chargés régulièrement de rendre la justice, et un tribunal suprême, faisant les fonctions de cour de cassation, tel est l'ensemble de l'organisation judiciaire.

Examinons maintenant les détails.

Les tribunaux sont, comme en France, divisés en plusieurs chambres, qu'on nomme des *tours* (*turni*), parce que l'appel, ainsi que nous le verrons plus tard, peut être porté d'une chambre à une autre dans un même tribunal ; ces chambres jugent séparément et quelque fois aussi conjointement. Tous les jugements doivent être rendus en langue italienne et doivent être motivés. Les audiences sont publiques en matière civile.

La composition de ces tribunaux varie avec leur importance ; quelques-uns sont formés de magistrats laïques et ecclésiastiques à la fois, les autres sont tout entiers composés de magistrats ecclésiastiques.

Des juges suppléants sont attachés à tous les tribunaux, quels qu'ils soient, excepté cependant auprès du tribunal dell' A. C. Ces juges exercent les fonctions habituelles à ces magistrats : ils remplacent les juges empêchés ou absents et n'ont que voix consultative ; leurs fonctions ne sont pas incompatibles avec celles d'avocat ou de procureur ; ceux-ci mêmes peuvent être appelés par le président du tribunal à remplir la place des juges suppléants, lorsque ces derniers se trouvent absents par suite de circonstances imprévues.

Auprès de tous les tribunaux sont institués des avocats et des avoués ; ces derniers portent indifféremment le nom de *curiales* ou de *procureurs*.

Les avocats doivent être âgés d'au moins vingt-cinq ans, et nul ne peut, dans les États pontificaux, aspirer au titre et aux fonctions d'avocat sans avoir rempli les conditions ou les formalités suivantes :

exhiber ses certificats de baptème et de confirmation ; justifier de sa qualité de sujet romain ; avoir une naissance honnète et légitime ; prouver qu'on a toujours tenu une conduite irrépréhensible au triple point de vue politique, religieux et moral ; avoir obtenu le grade de docteur dans une des Universités de l'État (1) ; avoir, pendant cinq ans, fait un stage au palais de justice auprès d'un avocat exerçant, soit en province, soit à Rome ; exhiber enfin un certificat de capacité émané du conseil de discipline de l'ordre. Nous n'avons pas besoin de faire remarquer la sagesse de ces prescriptions multiples qui n'ont d'autre but que de ne laisser confier qu'à des hommes probes, éclairés et prudents, les intérèts souvent si graves que les particuliers viennent débattre devant la justice. Pour surveiller la conduite et contrôler les actes des avocats, il est à Rome, comme à Paris, un conseil de discipline. Seulement ce conseil, au lieu d'être élu, comme en France, par tous les avocats, est nommé directement par le gouvernement, sur la présentation qui lui est faite par les tribunaux. Les fonctions des membres du conseil de discipline des avocats ne durent que trois ans, mais ils sont rééligibles.

(1) L'enseignement supérieur forme, à Rome, l'Université *della Sapienza* qui est placée sous la surveillance d'un cardinal, archichancelier. On y professe le droit civil et criminel, la théologie, la philosophie, les sciences physiques, mathématiques et chimiques, la médecine et la chirurgie, la philologie, l'architecture, etc. Des professeurs éminents, pris indifféremment parmi les laïques et les ecclésiastiques, sont chargés de faire les cours, qui sont publics. L'Université romaine est la seule qui subsiste encore aujourd'hui dans les États pontificaux : les autres Universités de l'État étaient celles de Bologne et de Macerata.

Ce que nous venons de dire s'applique à tous les avocats en général; mais il existe encore certaines prescriptions particulières qui s'appliquent aux avocats qui veulent exercer près du tribunal de la Rote, ou de la Signature. Le titre d'avocat ne donne pas en effet le droit de plaider indistinctement devant tous les tribunaux; il faut, pour être nommé près de certaines cours, justifier encore de connaissances ou de qualités spéciales.

Pour les avoués, les conditions générales et indispensables ne sont pas moins nombreuses ni moins importantes: néanmoins il suffit d'avoir obtenu le grade de licencié dans une Université de l'État, et d'avoir exercé la procédure auprès d'un avoué en titre pendant au moins deux années, pour pouvoir se présenter à l'examen et postuler une charge auprès d'un tribunal. Les avoués sont en effet nommés par le gouvernement, comme ils le sont en France; mais leur nomination n'est définitive qu'après qu'ils ont justifié de connaissances satisfaisantes en présence d'un jury, formé de trois prélats lieutenants, d'un avoué de collége et présidé par Mgr l'auditeur *della Camera Apostolica*, et qu'ils ont été approuvés par le gouvernement. Des connaissances spéciales et des formalités particulières sont exigées pour l'admission des avoués près le tribunal dell' A. C. et de la sacrée Rote.

Les magistrats de l'ordre judiciaire ont un pouvoir disciplinaire sur les avocats, et sur les procureurs, qui n'ont d'autre recours qu'auprès du gouvernement contre les décisions prises contre eux.

Les procureurs ont, comme les avocats, une chambre ou conseil de discipline.

Des greffiers et des huissiers sont encore institués auprès de tous les tribunaux, et leurs attributions varient avec l'importance des tribunaux auxquels ils sont attachés; leurs fonctions sont, à peu de choses près, les mêmes que celles qu'exercent en France les mêmes officiers publics. Des formalités analogues à celles que nous avons énumérées pour les avocats et les procureurs, mais d'une moindre importance, sont exigées pour la nomination des greffiers et des huissiers; elle appartient, suivant l'importance des charges, au gouvernement, ou à Mgr l'auditeur della Camera ou bien encore aux présidents des tribunaux. Ces officiers ministériels ont des employés ou des clercs qui peuvent même au besoin les remplacer et qu'on nomme leurs substituts.

Nous ferons connaître, quand nous parlerons des formes de la procédure, les fonctions et les attributions principales de tous les employés que nous venons d'énumérer; nous ne cherchons à montrer ici que la composition générale des tribunaux et les attributions des juges.

Les juges sont chargés par le gouvernement de faire exécuter les lois et les règlements qui leur sont communiqués; si donc, ils négligent d'accomplir ce devoir, le gouvernement peut les punir. Les peines disciplinaires qui peuvent être prononcées contre les juges sont : la simple admonition, la censure grave, la suspension, le renvoi. Aux tribunaux civils contre les gouverneurs, aux tribunaux d'appel, contre les juges des tribunaux civils ou de commerce, compète le droit de prononcer les deux premières de ces deux peines ; le gouvernement se réserve à lui seul le droit d'infliger les deux dernières. Des règles spéciales sont observées contre les membres des tribunaux della Camera Apostolica, de la sacrée Rote et de la Signature.

Enfin, pour être nommé juge, il faut encore, outre toutes les autres conditions de capacité, de savoir, de moralité qui sont exigées à Rome comme en France, avoir au moins l'âge de vingt-cinq ans accomplis (1).

Ces détails préliminaires étant donnés, et après avoir ainsi indiqué sommairement ce que l'on exige des hommes à qui est dévolue la tâche si difficile de rendre ou de faire rendre la justice à leurs semblables, il est nécessaire de faire connaître quelles personnes sont justiciables des tribunax civils et quelles causes particulières chacun d'eux a mission de juger.

Tous les sujets pontificaux laïques sont soumis à la juridiction des tribunaux civils ; les ecclésiastiques eux-mêmes sont justiciables de ces mêmes tribunaux, lorsqu'ils tiennent dans le procès le rôle de demandeurs ; ce n'est qu'au cas où l'un d'eux se présenterait comme *défendeur* que l'affaire devrait être portée devant un tribunal ecclésiastique. Les étrangers eux-mêmes sont justiciables des tribunaux de Rome pour les biens qu'ils peuvent posséder dans le territoire romain.

La compétence des tribunaux se règle d'après la

____

(1) Toutes les dispositions précédentes ont été prescrites par l'édit du cardinal Gamberini qui complète les art. 257 et 422 du Règlement civil et judiciaire (année 1834).

nature de l'action et d'après la valeur du procès.

Nous expliquerons dans la suite comment les actions sont classées dans la procédure romaine ; il nous suffit d'établir quant à présent la division des causes majeures et des causes mineures. Les causes mineures sont celles qui ne dépassent pas la valeur de cinq cents écus romains (2,075 fr.); les causes majeures comprennent tous les procès qui ont une valeur égale ou supérieure à cinq cents écus ou à plus forte raison indéterminée.

Aux causes majeures sont assimilées les questions qui se rattachent : aux droits honorifiques, aux dignités, aux prérogatives, aux droits de prééminence, à la filiation, à l'adoption, à la tutelle, en un mot à tout ce qui concerne la position et l'état des personnes.

La valeur des causes est déterminée par les prétentions du demandeur, ou quand ces prétentions ne se traduisent pas par l'énonciation d'une somme, comme, par exemple, dans les questions de validité des contrats, de servitudes réelles, de cessation d'emphytéose, etc,, la loi donne des moyens d'appréciation qui permettent de préciser la valeur du procès et d'établir ainsi la compétence du tribunal (1).

En effet, les causes majeures sont portées de prime abord devant certains tribunaux qui ne jugent qu'en appel les causes mineures : nous allons préciser ces faits en faisant connaître successivement chacun des tribunaux ordinaires et extraordinaires civils et en

(1) Règlement civil et judiciaire, part. 3, tit. 2, sect. 3, art. 450-466.

indiquant en même temps leurs attributions res-
pectives.

§ 2.

ATTRIBUTIONS DES TRIBUNAUX CIVILS ORDINAIRES.

Les tribunaux ordinaires qui rendent la justice en
matières civiles sont, à Rome :

1° Les gouverneurs ou plutôt les *assesseurs*, juges
singuliers ;

2° Le tribunal dell' A. C. (dell' *Auditor Cameræ*) ;

3° Le tribunal de la sacrée Rote ;

4° Le tribunal suprême de la Signature.

Nous allons indiquer séparément la composition
et les attributions de chacun de ces tribunaux.

1° *Assesseurs.*

Les assesseurs remplissent, à Rome, le rôle judiciaire que tiennent les gouverneurs dans les provinces.
Ces magistrats connaissent seulement des causes d'une
valeur inférieure à 200 écus, (1,070 fr.). Ils conci-
lient les parties et rendent une sorte de justice
sommaire dans toutes les disputes et toutes les contestations qui prennent naissance dans le cours ordinaire de la vie. Ce sont des sortes de juges de paix
qui, sans avoir toutes les attributions dont jouissent
ces magistrats en France, possèdent encore un pouvoir
assez étendu pour empêcher bien des procès et
calmer bien des colères. Ils décident toutes les ques-

tions de payements de loyers, de salaires, de marchandises, quand la somme due ne dépasse pas le taux que nous avons indiqué. Au reste, nous avons fait connaître leurs attributions en parlant des gouverneurs de province; il est donc inutile de répéter ici ce que nous avons dit plus haut. Nous ajouterons seulement que ces magistrats remplissent aujourd'hui des fonctions moins importantes encore que celles qui leur avaient été attribuées dans l'origine, depuis que le tribunal du sénateur de Rome a été supprimé. (*Motu proprio* du 1er octobre 1847.)

Ils pouvaient en effet autrefois se réunir à l'auditeur du sénateur, et former un tribunal collégial qui était appelé à juger en première instance les causes supérieures à deux cents écus, mais inférieures à cinq cents et qui étaient attribuées dans les provinces aux tribunaux civils; ils avaient aussi la connaissance des appels contre les décisions du juge des marchands. Mais ce tribunal particulier se trouvait constamment en conflit d'attributions avec la congrégation civile dell' A. C., qui remplit à Rome le rôle de tribunal civil; c'est ce qui l'a fait supprimer. Les assesseurs sont donc maintenant des juges singuliers et ils ne peuvent plus juger collectivement.

2° *Tribunal dell' A. C.*

Le tribunal dell' A. C., qui fait partie de la *Reverenda Camera Apostolica*, tribunal della R. C. A., est composé, pour les affaires civiles :

1° D'un prélat, *Auditor Cameræ*, président;

2° De trois autres prélats qui portent le titre de lieutenants, *luogotenenti;*

3° De neuf magistrats, dont trois prennent le titre de conseillers, deux autres celui d'assesseurs, et les quatre derniers sont simplement juges auditeurs.

Les trois prélats lieutenants et les trois conseillers réunis forment un tribunal collégial qu'on nommait autrefois la congrégation civile dell' A. C., et qui porte maintenant le nom de tribunal civil de Rome.

Le tribunal civil est composé de deux chambres : la première est formée de deux prélats et d'un conseiller; la seconde se compose d'un seul prélat et des deux autres conseillers. Pour compléter le nombre réglementaire de cinq juges, on adjoint à chacune des deux chambres deux juges auditeurs qui remplissent les fonctions de juges suppléants et n'ont que voix consultative.

Chacune des chambres du tribunal civil juge en première instance, en appel, et enfin en troisième instance, comme tribunal suprême, mais dans certaines causes seulement. En première instance, le tribunal connaît : des causes d'une valeur supérieure à deux cents écus romains et d'une valeur indéterminée; en un mot, de toutes les causes majeures qui se présentent à Rome ou dans le territoire, et des causes ayant trait aux matières hypothécaires de même nature que celles que nous avons signalées, comme étant de la compétence des tribunaux civils dans les provinces, quelle qu'en soit la valeur (1).

____

(1) Voir page 113.

En appel, le tribunal décide : sur les sentences prononcées par les assesseurs de Rome et du territoire romain, et sur les jugements rendus en première instance dans les causes mineures par les tribunaux civils encore en fonctions dans l'*agro romano*, et que nous avons énumérés précédemment.

En troisième instance enfin et comme tribunal suprême, l'une des chambres du tribunal civil peut être appelée à rendre un jugement définitif dans un procès qui a été jugé d'abord par un assesseur dont la décision a été depuis improuvée en appel par l'autre chambre du tribunal. Elle peut juger enfin en dernier ressort les causes commerciales dans lesquelles deux décisions contraires ont déjà été prononcées par les deux degrés de juridiction établis en pareille matière.

Néanmoins le rôle du tribunal dell' A. C. agissant comme cour suprême est fort restreint : c'est à la Rote qu'appartiennent en propre ces sortes de décisions.

3° *Tribunal de la sacrée Rote.*

Le tribunal de la Rote, qui joint à ses fonctions civiles de nombreuses attributions religieuses, doit à ce caractère mixte d'avoir une composition toute particulière et pour ainsi dire européenne. Il est en effet composé de douze prélats qui portent le titre d'auditeurs, et qui sont nommés par le Pape, sur la présentation qui lui en est faite, pour quelques-uns, par certaines puissances étrangères. Ainsi l'Espagne propose deux auditeurs de Rote; la France ne peut en présenter qu'un seul; l'Autriche autrefois en pouvait présenter deux, l'un pour la Vénétie et l'autre pour la Lombardie; mais le représentant de Venise est aujourd'hui le seul qu'elle ait le droit d'avoir dans le tribunal suprême des États pontificaux. Parmi les huit autres juges, trois sont romains : Bologne, Ferrare, Florence, Milan et Pérouse ont le droit de proposer la nomination des autres.

Les douze auditeurs de Rote forment deux chambres.

La composition de ce tribunal étant connue, voyons quelles en sont les attributions. La sacrée Rote est principalement un tribunal d'appel; les causes qu'elle peut être appelée à juger en première instance sont d'une importance toute particulière et donnent à ce tribunal un caractère et une juridiction propres.

Aussi a-t-il paru nécessaire d'établir pour le tribunal de la Rote une organisation spéciale qui assurât d'une manière plus complète encore la bonne administration de la justice. Indépendamment de certaines formes de procédure, que le tribunal tient très-fermement à conserver et qu'il considère comme l'un de ses plus grands et de ses plus sérieux priviléges, il faut signaler encore la nécessité où se trouve chaque auditeur de Rote d'avoir ce que nous appelons, en France, *une étude*. Les auditeurs sont tous forcément assistés des lumières et des conseils d'un *avocat* qui porte le titre d'*ajutante di studio* et de deux secrétaires au moins qui sont également choisis parmi les hommes de loi. L'examen de chaque affaire dans laquelle un auditeur est appelé à se prononcer se fait donc d'abord une première fois dans son cabinet ; et le juge n'en est plus réduit ainsi, à l'audience, à fonder son opinion sur ses seules appréciations personnelles ; il peut et il doit la motiver sur celles des hommes éminents qui sont ses conseils et qui lui prêtent un ferme et utile appui. De la sorte, le jugement du tribunal entier peut présenter plus de garanties de justice et d'impartialité : c'est le but qu'il fallait atteindre nécessairement, à cause de l'importance des décisions que la sacrée Rote est si souvent appelée à rendre.

En effet, la sacrée Rote peut, en vertu d'une délégation souveraine, être chargée d'expliquer et de commenter le sens des rescrits ou des *chirografi* pontificaux émanés avec la clause *de aperitione oris*, lorsque les parties, après avoir obtenu une décision souveraine dans les cas particuliers où elle est nécessaire (testaments, aliénation d'une moitié de la dot, etc.), ne sont pas d'accord sur les moyens de l'exécuter : la sacrée Rote juge encore les contestations qui s'élèvent entre des sujets pontificaux et des étrangers, quand la connaissance de ces affaires doit être portée devant la juridiction des États romains. Dans ces deux cas, le tribunal doit être au complet et le nombre limitatif de cinq juges, suffisant pour les causes ordinaires, n'est plus admis comme pouvant valider la sentence. A ces exemples de juridiction extraordinaire, il faut ajouter les décisions que prononce le même tribunal dans les cas où la *restituzione in intiero* est demandée par une ou par les parties après un jugement ayant force de chose jugée, qui émane des tribunaux civils de Rome ou des provinces. Dans tous les cas que nous venons de signaler, le jugement prononcé par la Rote est sans appel.

Les attributions ordinaires du tribunal de la sacrée Rote sont celles des Cours impériales françaises, sauf toutefois la possibilité de l'appel, porté d'une chambre à une autre, qui n'existe pas en France.

La sacrée Rote juge donc en premier appel : les causes majeures décidées en première instance par le tribunal civil de Rome et par le tribunal de commerce.

Elle connaît en deuxième instance d'appel : 1° les causes majeures qui, dans une première audience devant une des chambres de la Rote, ont été jugées d'une manière contraire à celle qu'avait adopté le tribunal qui avait jugé la cause en première instance; 2° les causes majeures ou mineures qui ont déjà été jugées, avec des décisions contraires par un tribunal civil de province en première instance et par un des tribunaux d'appel de Bologne, de Macerata, ou par celui qui siégeait à Ancône pour les affaires de commerce (1); 3° les causes mineures qui n'ont pas été jugées d'une manière conforme en première instance par l'une des chambres du tribunal dell' A. C., et en appel par l'autre chambre du même tribunal.

Dans toutes les causes où la sacrée Rote juge en deuxième appel, la sentence rendue est définitive; il ne reste plus d'autre recours aux plaideurs que

____

(1) Ces causes ne peuvent plus naturellement être portées aujourd'hui devant la juridiction de la sacrée Rote; nous les signalons néanmoins, parce que ce tribunal peut avoir encore à rendre des jugements de cette nature dans des procès qui lui auraient été soumis avant le démembrement des États du Saint-Père.

dans la demande en cassation ou dans la *restituzione in intiero;* ces sortes de recours suprêmes sont portés devant le tribunal de la Signature.

4° *Tribunal suprême de la Signature.*

Le tribunal de la suprême Signature joue, à Rome, un double rôle administratif et judiciaire; néanmoins, comme ses attributions judiciaires sont les plus étendues, nous avons cru devoir en parler seulement dans ce chapitre qui traite de l'administration de la justice civile.

Un cardinal qui porte le titre de Préfet de la Signature, préside le tribunal : sept prélats votants, un prélat auditeur du tribunal, un magistrat auditeur du cardinal Préfet, des prélats référendaires qui reçoivent les demandes en recours et les pétitions et qui n'ont que voix consultative, complètent l'ensemble de cette Cour suprême.

Le tribunal rend ses décisions au nom et à la place du Souverain Pontife : l'avis collectif de tous les magistrats n'est nécessaire que pour toutes les causes majeures et pour certaines causes mineures qui sont spécialement indiquées. Pour les causes mineures ordinaires, le tribunal délègue son pouvoir judiciaire au prélat auditeur dont les décisions ne sont toutefois valables qu'après qu'elles ont été revues et approuvées par le prélat, auditeur du préfet : dans le cas de dissentiment entre ces deux magistrats, le différend est vidé par sentence expresse du tribunal entier.

Le tribunal de la suprême Signature connaît et

juge avec les distinctions établies : 1° de toutes les demandes en cassation ou en réformation de tous les jugements et de tous les actes judiciaires pour vices de formes ; 2° de toutes les questions de compétence qui peuvent s'élever entre les juges singuliers et les tribunaux, conjointement ou séparément ; en un mot, de toutes les questions de *conflits*, juridiction qui appartient maintenant, en France, à la section du contentieux administratif, dans le conseil d'État ; 3° de toutes les instances qui ont pour but de faire porter ou d'enlever à un tribunal la connaissance d'une cause ; 4° de toutes les questions concernant la récusation des juges pour cause de suspicion légitime ; 5° enfin, de toutes les demandes en *restituzione in intiero*. La *restituzione in intiero*, c'est la réintégration dans tous ses droits de la partie qui a succombé, quand l'injustice de la chose jugée est manifeste ou clairement démontrée.

Les causes mineures qui nécessitent le vote de tous les magistrats du tribunal, pour que le décret rendu soit valable, sont : celles à propos desquelles les plaideurs adressent un recours motivé sur les faits énoncés ci-dessus, dans les §§ 4 et 5 ; ou bien celles dans lesquelles se trouvent mêlés l'administration du trésor public, ou les intérêts privés des communes ou des provinces.

Le suprême recours devant le tribunal de la Signature n'est admis, en matières commerciales, que lorsqu'il porte sur l'annulation d'un jugement qui a force de chose jugée, ou sur une demande de *restituzione in intiero* : hors ces deux cas d'une extrême importance, la loi n'admet pas, pour les affaires de commerce, de motifs de recours devant le tribunal suprême, à cause des lenteurs inévitables que pourrait introduire dans la marche de ces affaires qui demandent toujours une prompte solution, la possibilité de ce dernier moyen d'appel.

Nous avons maintenant indiqué les différents tribunaux ordinaires qui jugent à Rome les affaires civiles, et l'on peut se rendre compte d'une manière précise de l'organisation judiciaire, établie pour les procès entre les parties laïques ; mais il nous reste encore, pour achever de faire connaître l'administration de la justice civile, à parler des tribunaux chargés de connaître des procès dans lesquels deux ou plusieurs ecclésiastiques ont à débattre leurs intérêts privés et des causes particulières où un ecclésiastique joue le rôle de défendeur ; puis de certains tribunaux spéciaux qui sont chargés de juger certaines affaires spéciales, quel que soit le caractère des parties : ce sont les tribunaux que nous avons désignés sous le nom de *tribunaux extraordinaires*, quoique cette qualification ne leur soit pas généralement donnée ; mais néanmoins nous croyons pouvoir la justifier à cause du caractère privilégié des parties ou de l'une des parties qui comparaissent devant eux ou à cause de la nature exceptionnelle des causes qu'ils sont appelés à juger. Ces tribunaux, parmi lesquels nous retrouverons plusieurs de ceux que nous venons d'énumérer (mais ceux-là jugent alors d'après les formes du droit ecclésiastique), compléteront l'ensemble de notre exposé de l'organisation judiciaire pour les matières civiles.

§ 3.

ATTRIBUTIONS DES TRIBUNAUX CIVILS EXTRAORDINAIRES.

Les tribunaux extraordinaires qui rendent, dans certains cas, la justice en matières civiles, sont :

1° Les Ordinaires et les Métropolitains (évêques et archevêques) ;

2° Le tribunal du Vicariat de Rome :

3° Le tribunal dell' A. C. ;

4° Le tribunal de la sacrée Rote ;

5° La congrégation *della rev. Fabrica di San-Pietro* ;

6° La congrégation *della Visita Apostolica* ;

7° La congrégation *Lauretana* ;

8° La congrégation *dell' Immunità ecclesiastica* ;

9° l'*Uditore Santissimo ossia del Papa* ;

10° Le tribunal de la suprême Signature.

Parmi ces tribunaux, les quatre premiers ne rendent la justice en matières civiles, comme tribunaux extraordinaires, que pour régler les intérêts privés des ecclésiastiques seulement ; les autres peuvent faire comparaître également devant eux des laïques ou des ecclésiastiques, quand les uns ou les autres se trouvent intéressés dans les affaires de leur compétence. Nous allons signaler dans les paragraphes suivants les différences qu'entraîne la présence des ecclésiastiques dans l'ordre des juridictions ou préciser les questions civiles que sont appelées à trancher certaines congrégations religieuses.

1° *Ordinaires et métropolitains.*

Les évêques et les archevêques avaient, dans leurs diocèses, en province, une juridiction assez étendue qui remplaçait, dans les causes entre ecclésiastiques et particuliers, celle qui était attribuée aux tribunaux de première instance et aux deux tribunaux d'appel. Les évêques jugeaient en première instance, sans que leur compétence fût limitée par la valeur de la cause, et l'appel était porté devant les métropolitains. Le pouvoir judiciaire de ces prélats ne s'étendait pas néanmoins jusqu'à décider sans contrôle des causes concernant le trésor public et les intérêts des communes ou des provinces : il leur fallait dans ces cas-là le concours d'une autre juridiction.

Les évêques et les archevêques jugeaient encore en première instance les procès qui s'élevaient entre laïques seulement, quand les parties *y consentaient,* dans les formes prescrites par un édit constitutionel de Benoît XIV (1), qui commence par ces mots : « *Romanæ curiæ præstantiam*..... »

(1) Benoît XIV (Prosper Lambertini), fut un des souverains Pontifes les plus remarquables qui aient occupé la chaire de saint Pierre. Pendant un règne de dix-huit ans, 1740 à 1758, il sut, tout en maintenant un juste équilibre entre les recettes et les dépenses de l'Etat, fonder quatre Académies, créer trois musées, agrandir trois hospices, restaurer ou embellir un grand nombre d'églises; et faire dans la législation les plus sages réformes. Le meilleur éloge qu'on puisse faire de ce prince, c'est de dire que sir R. Walpole, le célèbre ministre anglais, son contemporain, lui fit élever à Londres, une statue dans son propre

La juridiction des évêques et des archevêques, dans les provinces, est aujourd'hui abolie en fait, puisqu'ils ne dépendent plus de l'autorité du Saint-Siége.

2° *Tribunal du Vicariat de Rome.*

Le tribunal du Vicariat de Rome est composé du cardinal vicaire et de deux prélats qui portent les titres de vice-gérant et de lieutenant civil du vicairé. Chacun de ces magistrats est assisté d'un auditeur privé.

Le tribunal entier forme deux chambres, dont la première est composée du cardinal vicaire et de son auditeur privé.

Le Vicariat de Rome a pour mission principale, dans ses rapports avec les laïques, d'accorder les autorisations de mariage, ainsi que nous l'avons expliqué dans les chapitres précédents. Il juge maintenant à Rome les mêmes causes que les évêques et les archevêques dans les provinces ; la chambre formée par le cardinal vicaire et son auditeur ne prononce qu'en appel, de même que les métropolitains.

3° *Tribunal dell' A. C.*

Le tribunal dell' A. C., pour les causes ecclésiastiques, se compose : du prélat *Auditor Cameræ*, de

palais, à cause du respect et de l'admiration profonde que lui avaient inspirés les vertus du chef suprême de la religion catholique.

deux magistrats assesseurs et d'un juge auditeur,
qui ont des pouvoirs spéciaux; et de la congrégation
civile, aujourd'hui tribunal civil de Rome, formée des trois lieutenants seulement, auxquels on
ajoute deux prélats qui portent le titre d'adjoints, et
qui font l'office de juges suppléants.

Les diverses attributions du tribunal tout entier
sont réparties entre les différents membres qui le
composent, et chacun d'eux a des pouvoirs propres;
mais ils ne forment tous ensemble qu'une seule et
même juridiction. Ce partage était nécessaire à cause
du nombre considérable d'affaires qui sont portées
chaque jour à la connaissance de cette Cour de justice.

Le tribunal dell' A. C. juge en effet dans les procès entre ecclésiastiques en première, seconde et
troisième instance. En première instance, il reçoit,
conjointement avec le tribunal du cardinal vicaire,
toutes les causes majeures ou mineures qui sont de
la compétence des juridictions ecclésiastiques, soit
par la nature même de la cause, soit par le caractère
des parties; il décide dans toutes les controverses
qui s'élèvent au sujet de Bulles ou de Lettres Apostoliques, et spécialement dans celles où manque la
nomination expresse des exécuteurs.

En seconde instance, il juge toutes les causes
mineures décidées déjà une première fois par les
prélats vice-gérant ou lieutenant civil du cardinal
vicaire, ou bien par les évêques diocésains des provinces.

Enfin en troisième instance, il connaît : 1° de toutes
les causes mineures qui ont déjà été jugées deux

fois avec des avis contraires, d'abord par les évêques et ensuite par les métropolitains ; c'est le troisième et dernier appel, établi pour les causes ecclésiastiques des provinces ; 2° de toutes les causes mineures qui ont été déjà décidées en sens contraire. soit par le tribunal du Vicariat, soit par un des juges mêmes du tribunal dell'A. C. jugeant en vertu de ses propres pouvoirs.

4° *Tribunal de la Sacrée Rote.*

Le tribunal de la Rote, pour les causes ecclésiastiques, jouit d'un pouvoir fort étendu. Indépendamment de toutes les questions de discipline cléricale et des règlements monastiques qu'il est appelé à juger et à décider en dernier ressort, il a encore dans ses attributions la connaissance en dernière instance de toutes les causes majeures ecclésiastiques. Ainsi il juge en appel, toutes les causes majeures ou toutes les affaires *graves* en matières ecclésiastiques, qui ont déjà été jugées en première instance par les évêques, le tribunal du Vicariat ou le tribunal dell'A. C.

Enfin en troisième instance, il prononce un jugement définitif : 1° dans les causes majeures qui ont déjà été décidées par les Ordinaires et par les Métropolitains d'une façon contraire ; 2° dans les causes également majeures qui ont déjà été jugées différemment par les évêques, puis par le tribunal du Vicariat, ou bien par le prélat *auditeur della Camera.*

Au reste le tribunal de la Rote jouit dans les causes ecclésiastiques des mêmes prérogatives et de pouvoirs aussi étendus que dans les causes qui se sont

élevées entre parties laïques. Néanmoins il est as—
treint à suivre un règlement particulier, édicté encore par Benoit XIV, dans toutes les affaires qui
concernent la nullité des mariages ou des vœux religieux. Cet édit constitutionnel a pour but d'établir
des formes de procédure plus scrupuleuses et pres-
crit des investigations plus approfondies à cause de
la gravité extrême des actes qu'il faut contrôler ou
annuler (1). Nous saisissons encore cette occasion de
faire remarquer toutes les précautions qu'a prises la
loi religieuse pour garantir la pureté et la sainteté
du mariage : si ce grand acte est resté, à Rome, soumis aux formalités de la loi religieuse, nous tenons à
faire observer qu'il n'a pas été réglé, pour cela, avec
moins de sollicitude et de soins que dans les pays où
il est astreint aux prescriptions de la loi civile.

5° Congrégation *della Rev. Fabrica di San-Pietro.*

Nous avons maintenant à examiner et à faire connaître quelques tribunaux particuliers qui exercent
des juridictions spéciales, s'appliquant indifféremment aux laïques et aux ecclésiastiques.

Ces tribunaux, qui n'ont jamais à examiner que
des questions de fait, au point de vue civil, sont les
seuls juges d'exception qui aient encore été conservés
à Rome ; leur juridiction est en général peu étendue,
ratione materiæ. En indiquant avec précision dans

(1) Costituzioni di Benedetto XIV : 1° Questa che incomine. : « *Si
datam, et Dei miseratione…*; » 2° Questa che incomine. : « *Justi-
ciæ et pacis…* » nello § *Graviores itidem causas.*

quels cas ils peuvent être appelés à régler les intérêts des particuliers, nous détruirons, bien mieux qu'avec de longs raisonnements, le reproche qu'on a formulé plusieurs fois contre la législation romaine, de multiplier les tribunaux et les juridictions de façon à éterniser les procès et à rechercher avec des formes inquisitoriales la conduite privée des citoyens.

La *Reverenda Fabrica di San-Pietro* est un tribunal qui fut institué par Jules II, pour sauvegarder les intérêts de l'Église contre les fraudes des particuliers ; tout testament en effet, ainsi que nous l'avons déjà dit, doit, pour être valable, contenir un legs pieux ; or il arrivait souvent que, faute d'un contrôle suffisant, les héritiers d'un défunt s'exonéraient de la charge de payer à l'Église ce legs, quoique la valeur en fût souvent fort peu importante. Recourir aux tribunaux ordinaires pour se faire payer une somme quelquefois fort minime, eût nécessité pour l'Église des frais et des démarches qui eussent presque toujours absorbé et au delà la somme due : on a donc dû créer un tribunal spécial qui peut citer et faire comparaître devant lui les héritiers d'un testateur, pour les obliger à prouver qu'ils ont satisfait aux legs pieux inscrits dans le testament ou pour les obliger à acquitter les engagements pris par le *de cujus*, dans le cas où il leur serait impossible de fournir les preuves qui leur sont demandées. La fabrique de Saint-Pierre est chargée d'exercer cette juridiction.

6° Congrégation *della Visita Apostolica.*

La Congrégation *della Visita Apostolica* est encore un tribunal institué dans le même but que le précédent; ses attributions sont néanmoins un peu différentes, en ce sens, qu'il n'a à s'occuper que de faire payer les legs qui sont faits chaque jour en faveur des Églises et de la bienfaisance publique; son action ne va pas jusqu'à contrôler les actes du passé; en un mot, elle ne rétroagit pas. C'est plutôt une sorte de commission instituée pour le recouvrement des sommes dues, avec pouvoir de les exiger et de les faire verser immédiatement, qu'un tribunal d'examen, pouvant revenir, pour les faire exécuter, sur des obligations qu'aucune prescription ne peut éteindre. La congrégation *della Visita Apostolica* est présidée par le Saint-Père lui-même.

7° Congrégation *Lauretana.*

La congrégation *Lauretana* est un tribunal qui juge toutes causes dans lesquelles sont engagées certaines personnes privilégiées. Quand la Sainte-Maison de Notre-Dame, à Lorette (*la S.-Casa*), ou les personnes qui en dépendent, se trouvent engagées dans un procès, c'est devant la congrégation Lauretana que la cause est portée; et peu importe alors la qualité des autres parties qui figurent dans les débats. Trois degrés de juridiction sont établis au sein de ce tribunal, qui juge en première, en seconde et en troisième instance, dans les cas seulement où les deux premières décisions n'ont pas été conformes. La congrégation jouit du privilége qu'aucun retard ne peut être apporté dans l'exécution de ses sentences, privilége qui lui a été accordé par un édit *della mano regia*; et ces dispositions particulières se trouvent édictées dans une loi du 21 novembre 1831, à laquelle furent ajoutées les dispositions particulières contenues dans l'édit du 20 février 1832.

8° Congrégation *dell' Immunità ecclesiastica.*

L'Église jouit à Rome, comme elle en jouissait en France avant la révolution de 1789, d'être exemptée de toutes les charges et de tous les impôts qui pèsent sur les citoyens laïques.

La congrégation de l'Immunité Ecclésiastique a pour mission de veiller à ce que personne ne vienne violer ce privilége ou empiéter sur ce droit, exclusivement réservé aux biens et aux membres de l'Église.

9° *L'Uditore santissimo ossia del Papa.*

L'auditeur du Pape décide, au nom et à la place du Souverain Pontife, toutes les questions qui sont de la juridiction et de la compétence particulières du Saint-Père.

Il faut en effet une autorisation souveraine pour permettre à la femme d'aliéner ses biens dotaux; pour faire prononcer l'interdiction des prodigues ou des fous; pour émanciper les mineurs. L'auditeur du Pape obtient du Souverain la révocation des rescrits pontificaux, quand elle est implorée par les parties; il donne enfin la permission de discuter devant le tribunal de la Rote ces mêmes rescrits, pourvu toutefois qu'ils soient émanés avec la formule : *de aperitione oris.*

L'auditeur du Pape est le seul, parmi tous ces tribunaux d'exception, qui ait des pouvoirs purement civils et qui s'occupe de réglementer directement, dans certains cas, les intérêts des particuliers. Nous avions fait pressentir ailleurs, en nous occupant du contrat de mariage, la nécessité de recourir à ce tribunal spécial, et nous avons fait connaître les raisons qui motivent cette juridiction particulière; l'état et la capacité des personnes ont paru, à Rome, avoir une importance telle qu'on ne puisse en confier le soin à la juridiction des tribunaux ordinaires.

10° *Tribunal de la suprême Signature.*

Enfin, au-dessus de tous ces tribunaux, nous retrouvons encore la cour suprême de la Signature.

La Signature reçoit et examine tous les pourvois en matières ecclésiastiques comme en matières civiles : il est donc inutile de revenir sur ce que nous avons déjà dit : néanmoins il est nécessaire d'ajouter que les sacrées congrégations ecclésiastiques ne sont pas soumises à ce tribunal; après avoir épuisé tous les moyens d'appel établis contre leurs sentences, les parties n'ont d'autre recours qu'auprès du Souverain.

Le tribunal de la Signature décide encore les

questions de conflits qui peuvent s'élever entre les sacrées congrégations et les autres tribunaux : ces questions sont décidées sur un simple mémoire du cardinal préfet de la Signature, appuyé du vote consultatif des prélats doyen et sous-doyen du tribunal, et fait après une relation préalable prononcée par le cardinal préfet en audience souveraine. Sont examinées en suivant le même mode les controverses relatives aux jugements prononcés par suite des résolutions émanées des mêmes congrégations.

Nous avons achevé à présent d'énumérer et de faire connaître les différents tribunaux qui rendent la justice à Rome; s'il existe encore quelques autres cours de justice que nous n'ayons pas nommées, c'est que ce sont des tribunaux purement ecclésiastiques qui ne s'occupent que des affaires de l'Église.

Il y a, à Rome, en effet, beaucoup de tribunaux ou plutôt des commissions qui exercent des juridictions spéciales ou générales, mais qui ne ressortent pas de l'administration de la justice du pays : tels sont, par exemple, les tribunaux de l'abbaye de Saint-Paul et de l'abbaye des Trois-Fontaines, qui jugent les affaires particulières de ces monastères; tels sont les tribunaux de la *Dateria apostolica*, de la congrégation de l'*Index*, etc., dont le premier a mission de distribuer à toute la chrétienté les dispenses pour les mariages, les collations de bénéfices, etc., et dont le second approuve ou condamne les bons ou les mauvais ouvrages, et en permet ou en défend la vente dans tous les États, sous des peines plus ou moins sévères.

L'examen de tous les tribunaux qui jugent les

affaires de certains moines ou de toute la grande
famille des chrétiens nous entraînerait hors des
limites restreintes de notre cadre; nous n'avons
même cité les précédents que pour nous justifier
d'avance du reproche qu'on aurait pu nous adresser
d'être incomplet de notre plein gré, et pour bien
établir les distinctions qui séparent la justice particulière du pays de la justice universelle que l'Église
exerce de Rome, sa capitale, sur tous les membres
de la catholicité.

Nous aurions pu citer encore les dispositions
particulières qui sont observées pour le jugement
des affaires qui concernent le trésor public et dire
que toutes ces causes, majeures ou mineures, sont
toujours jugées en première instance par le tribunal civil de Rome; que le premier appel en est porté
devant le tribunal *della piena Camera*, qui est formé
par certains prélats de Chambre Apostolique, et
qu'enfin le second appel, s'il y a lieu, ressort des
attributions du tribunal de la Rote; qu'un magistrat
spécial, qui porte le titre d'avocat général du fisc,
est institué pour défendre le trésor public ou poursuivre les personnes qui attentent à ses droits; mais
il nous paraît inutile de surcharger ce simple
aperçu de l'organisation judiciaire des États de
l'Église par une abondance de détails et de formalités qui ne serait pas nécessitée par le but de cet
essai : nous cherchons à faire connaître à tous la
marche générale des affaires, et nous ne voulons
pas faire un manuel d'études pour les praticiens.

SECTION II.

DE LA PROCÉDURE CIVILE.

Néanmoins il nous faut parler encore, après avoir établi la division et les attributions des tribunaux, des formes de procédure qui sont observées devant la justice.

La bonne organisation judiciaire d'un pays dépend en grande partie des lois de procédure, et il est nécessaire de montrer que ces lois sont à Rome aussi complètes et aussi étudiées que toutes les autres.

C'est en cette matière surtout que l'ancien droit de Justinien joue un grand rôle : la division des actions, adoptées par les lois anciennes (1), subsiste encore entièrement de nos jours à Rome. Les actions sont réelles, personnelles et mixtes, et déterminent la compétence des tribunaux ; les actions personnelles, *condictiones*, sont toujours portées devant le tribunal du lieu où est domicilié le défendeur ; les actions réelles, *vindicationes*, et les actions mixtes sont portées devant le tribunal du lieu où est située la chose litigieuse.

A ces trois grandes catégories d'actions se rattachent toutes celles qui peuvent naître dans la pratique, et la loi prend soin d'en préciser d'avance la

____

(1) Instituts de Justinien, liv. IV, tit. 6, §§ 1, 2, 18, 20, etc.

nature par des exemples : de là toutes les conséquences qu'entraînait aussi jadis la division des
actions; nous n'avons pas dessein de les signaler ici;
il suffit, pour les connaître, de se reporter aux règles
du droit commun, c'est-à-dire à l'ancien droit romain.

Nous dirons seulement que la nature des actions
influe sur celle des jugements; ceux-ci se divisent
en effet en jugements ordinaires et en jugements
sommaires, d'après le but de l'action intentée par
le demandeur.

Les jugements ordinaires sont ceux pour lesquels
on suit toutes les formes ordinaires de la procédure,
que nous allons indiquer tout à l'heure; les jugements sommaires sont ceux pour lesquels les formes
de procédure sont considérablement simplifiées.

Sont réputées causes sommaires les affaires qui,
en France, sont désignées sous le nom de matières sommaires (1); demandes en payement de
loyers, de fermages, de pactes nuptiaux, en répa-
rations locatives; demandes incidentes, affaires de
commerce; toutes les affaires, en un mot, qui
exigent une prompte solution, soit à cause des
intérêts qui sont en souffrance, soit à cause de l'in-
fériorité de la cause dont les frais qu'entraîne la procédure ordinaire dépasseraient le plus souvent la valeur.

Les procès qui naissent à propos de contestations
élevées sur de pareilles matières sont donc jugés
sommairement, sur de simples actes, sans répliques
ni plaidoiries, et avec le moins de frais possible.

Néanmoins le ministère d'un avoué est toujours

____

(1) Code de procédure civile, liv. II, tit. 24, art. 404, et tit. 25.

indispensable, car nul ne peut ester en justice, à Rome, sans être représenté ou accompagné d'un procureur spécialement approuvé par la partie pour la poursuite de l'affaire pendante.

Maintenant, quant aux jugements qui sont rendus dans les affaires ordinaires, ils ne peuvent être valables que s'ils ont été prononcés dans les formes et avec les formalités que nous allons énumérer.

§ Ier.

PROCÉDURE EN PREMIÈRE INSTANCE.

Les avoués et les avocats étant constitués de part et d'autre par les parties, voici la marche que suit un procès devant les tribunaux de Rome :

1° *Citations.* — Toute demande judiciaire est introduite, comme en France, par une citation ; et personne ne peut citer autrui en justice, à moins d'avoir l'entier exercice de ses droits. Les citations doivent contenir toutes les indications et tous les renseignements qui sont prescrits pour leur validité en France ; elles sont remises au domicile des parties par des officiers publics spéciaux que l'on nomme les *cursors.*

2° *Première comparution à l'audience.* — Les citations faites et le terme y assigné étant échu, la partie la plus diligente appelle l'autre partie devant le tribunal, sur un simple acte d'avoué à avoué ; le délai pour cette comparution préliminaire est d'un à trois jours.

Le demandeur expose sommairement ses prétentions et la nature de son action ; le défendeur énonce brièvement ses moyens de défense et les exceptions dont il prétend faire usage ; le tribunal examine la véracité des allégations des parties, et leur capacité ; il recherche si toutes les formalités indispensables et préliminaires ont été observées ; il déclare si la cause est sommaire ou non ; et, quand il juge la cause ordinaire, il ordonne son inscription au rôle; dans le cas contraire, il prononcerait immédiatement la sentence.

3° *Introduction de la cause.* — Quand l'affaire a été inscrite sur les registres du tribunal, d'après la demande de la partie la plus diligente, celle-ci notifie cette inscription à la partie adverse par un simple acte d'avoué. Du jour de cette notification au jour où la cause sera appelée, il doit s'écouler au moins un délai d'un mois. Enfin, quand vient dans l'ordre des inscriptions au rôle, le tour de l'affaire en question, la partie la plus diligente doit encore en donner connaissance à l'autre partie, et cela, dix jours au moins avant l'audience. Tous ces délais sont nécessités par l'obligation où se trouvent les parties de préparer un mémoire écrit, adressé au président et aux juges. Ce mémoire est signé par l'avoué et par l'avocat de la partie, ou même par l'avoué seulement, et il contient l'exposé des motifs d'une part, et des moyens de défense de l'autre : on y joint la copie des documents et des pièces justificatives, en un mot, de tous les moyens de preuve : de plus, l'avoué est obligé d'en dresser un sommaire exact et de le joindre à la pièce elle-même.

Quand toutes ces pièces sont prêtes, et six jours

au moins avant l'audience, le mémoire est imprimé et distribué à la partie adverse d'abord, et ensuite à tous les membres du tribunal. Ce n'est qu'après que toutes ces formalités ont été remplies que la cause peut être appelée et discutée contradictoirement en audience publique.

4° *Audience du tribunal.* — Après les appels d'usage, le débat s'ouvre par la lecture de deux autres mémoires, qui sont en général les sommaires de ceux qu'on a adressés aux juges, faite par chacun des procureurs des deux parties.

Ces mémoires lus contiennent les noms, les prénoms et la qualité des parties, la teneur de la demande ou des défenses qui doivent être discutées à l'audience, l'indication sommaire des motifs ou moyens de preuve, en fait et en droit. Les procureurs peuvent y ajouter quelques explications orales, pourvu qu'elles soient précises et qu'elles aient un rapport immédiat avec la cause.

Les procureurs déposent ensuite leurs mémoires entre les mains du greffier qui les joint au dossier de l'affaire; et le président peut, s'il le juge convenable, accorder aux avoués ou aux avocats des parties la permission de répliquer et d'engager un débat purement oral.

Quand la cause parait suffisamment entendue et la discussion épuisée, le tribunal se retire dans la chambre du conseil pour délibérer : c'est là qu'il rédige son *opinamento* (1).

____

(1) L'*opinamento* du tribunal, c'est l'avis collectif de tous les magistrats; c'est ce qui remplace, dans la procédure romaine, le

Dès que les membres du tribunal sont tombés d'accord, ils rentrent en séance ; et le président prononce l'*opinamento*, c'est-à-dire l'opinion générale de tous les juges : elle doit toujours être motivée.

L'*opinion* du tribunal est transcrite sur les registres du greffe et signée par le président; une copie en est envoyée à chacune des parties qui notifient cette réception par simple acte d'avoué.

Un délai de vingt jours est alors accordé aux parties, depuis le jour de cette notification, pour répondre par écrit aux motifs exposé dans l'*opinamento* du tribunal. Les parties se communiqueront réciproquement leurs répliques, trois jours au moins avant la seconde proposition de la cause à l'audience, et ces répliques seront distribuées en outre à tous les membres du tribunal.

Enfin, quand vient la seconde audience, les avoués et les avocats des deux parties peuvent encore exposer brièvement quelques explications orales, si le président le juge utile après les répliques écrites ; et ce n'est qu'après toutes ces discussions et tous ces éclaircissements que le tribunal prononce son jugement.

5° *Jugement.* — Les jugements se divisent, comme en France, en jugements provisoires ou définitifs. Les jugements provisoires sont désignés sous le nom

réquisitoire du ministère public. Le tribunal ne juge pas encore ; il ne fait qu'émettre une opinion discutable; il a besoin de s'éclairer encore, mais il expose déjà ses raisons de décider. Nous insistons à dessein sur cette forme de procédure, qui est caractéristique et toute particulière.

de *sentenze interlocutorie* ; mais il ne faut pas attacher à ce mot *interlocutorie* le sens précis qu'il a dans notre langage juridique.

En effet, les jugements interlocutoires sont, à Rome, ceux qui *décident les causes sommaires* et toutes les demandes incidentes qui s'élèvent dans le cours des débats ; ceux qui sont rendus avant toute décision définitive et par lesquels le tribunal rejette ou admet un moyen de preuves, comme une vérification d'écritures, un rapport d'experts, un examen de témoins, etc. ; ceux qui enfin ordonnent une mesure provisionnelle et conservatoire pour la conservation des droits des parties ou la garde des objets en litige, durant le cours du procès. Ce sont donc de véritables jugements provisoires, dans le sens même le plus large de ce mot ; car le tribunal qui les a prononcés peut, s'il le juge convenable, les rétracter ou les réformer de sa propre autorité, sur une instance de l'une des parties, introduite par un simple acte d'avoué.

Les jugements définitifs sont soumis aux mêmes formes qu'en France, ils sont revêtus de la formule exécutoire, datés, et doivent contenir : 1° les nom, prénoms, domicile et qualités des parties, tels qu'ils sont indiqués dans l'acte de citation, les nom et prénoms de leurs procureurs ; 2° la teneur de la demande ; 3° un extrait sommaire des actes et des documents produits ; 4° les raisons de décider ; 5° le jugement proprement dit. Ces sentences définitives ne peuvent être reformées ou rétractées par le tribunal qui les a prononcées ; elles doivent être rendues à la pluralité des voix ; elles sont signiliées aux parties par le ministère des *cursors*.

Les frais sont réglés dans la procédure romaine comme dans notre Code de procédure civile; ils sont en général à la charge de la partie succombante; mais les raisons de parenté, d'alliance, etc., qui modifient ce principe sont admises; et les frais peuvent être compensés, ou même mis à la charge du gagnant, suivant les cas.

Telle est la marche que suit, à Rome, un procès en première instance. Comme on peut le voir maintenant, les formalités de la procédure romaine se rapprochent en partie des formes de la procédure française: ce sont les mêmes soins, la même prévoyance, le même désir de multiplier les moyens de faire éclater la vérité; et pour atteindre ce but, ce sont des prescriptions analogues.

Or c'est précisément à cause de cette analogie seulement que nous avons indiqué, comme nous venons de le faire, tous les détails de la procédure, sans nous occuper trop de leur similitude avec les nôtres. Mais il nous semble parfaitement inutile de suivre la même méthode pour faire connaître les règles établies dans les matières, pour ainsi dire, accessoires de la procédure civile.

En effet, la police des audiences et leur publicité, les preuves par écrit et par témoins, l'examen et le contrôle des témoignages, les rapports d'experts, les descentes sur les lieux, les interrogatoires et les dépositions, les serments décisoire et supplétoire, les exceptions de nullité, de faux en écritures privées ou publiques, les exceptions dilatoires, les demandes incidentes, l'intervention nécessaire ou volontaire des tiers dans la cause, le recel d'un acte important, le défaut des parties, les oppositions, tout cela est réglé dans la procédure romaine d'une manière parfaitement identique à notre procédure française (1). Nous ne sentons donc pas la nécessité de transcrire ici en d'autres termes tous les articles de nos lois qui visent ces matières ; il nous suffit de renvoyer aux deux Codes dont nous nous occupons : une simple lecture en fera ressortir, aussi bien qu'une comparaison détaillée, la parfaite ressemblance.

§ 2.

PROCÉDURE EN APPEL.

L'appel est organisé, à Rome, d'une manière plus large qu'en France. Chez nous, après la ressource d'un premier appel épuisée, le plaideur n'a plus d'autre recours que le pourvoi en cassation, et ce-lui-ci n'est pas toujours admis ; à Rome, si la sen-tence rendue en appel n'est pas conforme à celle des premiers juges, la loi autorise les parties à interjeter un second appel, avant de faire usage de leur re-cours suprême auprès du tribunal de la Signature. On peut donc dire en général qu'un appel double est admis par la procédure romaine et qu'une même cause peut être jugée trois fois ; mais il n'est pas nécessaire pour cela, ainsi que nous l'avons déjà fait remarquer, que le procès soit transporté devant trois

(1) Règlement civil et judiciaire, part. 3, tit. 6-9.
Code de procédure civile, liv. II, tit. 8, 17.

tribunaux différents ; car l'appel peut être porté devant la seconde chambre d'un même tribunal, dans certains cas ; et ce n'est qu'après que la décision rendue par cette seconde chambre n'a pas été semblable au jugement qu'avait prononcé la première, que la cause est transféré devant un tribunal supérieur.

Néanmoins, sans se préoccuper de la manière dont se présentera le procès, on peut dire, en thèse générale, qu'il existe, à Rome, trois degrés de juridiction.

Cette multiplicité des appels est-elle un bien ? est-ce plutôt un vice dans l'organisation judiciaire ? Cette question, qui a été récemment étudiée en France (1), et qui, en Italie, a occasionné de vifs débats, nous paraît d'une importance assez grande pour mériter qu'on s'y arrête.

Sans nous laisser influencer ici par les traditions de l'ancien droit du Bas-Empire et les coutumes de la féodalité, auxquelles le droit romain moderne a emprunté la disposition que nous signalons, examinons quel but la loi se propose d'atteindre en maintenant, contrairement à la loi française, ce triple degré de juridiction.

Multiplier les garanties données aux plaideurs pour que la justice soit plus strictement rendue, c'est là évidemment le motif qui a fait conserver dans la législation romaine ce principe contraire à toutes nos idées françaises sur la bonne administration ju-

(1) *Revue critique de législation et de jurisprudence ;* consulter le remarquable article, publié par M. Frémy-Ligneville, sous ce titre : *De la nouvelle organisation judiciaire projetée en Italie,* juillet 1861.

diciaire. La loi romaine, en effet, n'admet pas, dans les Cours d'appel, la supériorité que nous leur reconnaissons en France sur les tribunaux de première instance; lors donc qu'une cause a été jugée différemment, à Rome, en première instance et en appel, il n'y a aucune raison pour croire que la seconde sentence soit plus conforme au droit que la première; un troisième tribunal, qui décide entre ces deux premiers, est donc nécessaire.

Nous ne reproduirons pas ici tous les excellents arguments dont se sert M. Frémy-Ligneville pour combattre ce système; nous le trouvons nous-même détestable en principe, et nous voudrions qu'on pût le faire disparaître de la procédure romaine, à cause des mauvais effets qu'il produit. Avec trois degrés de juridiction et les délais qui, à Rome sont laissés en faveur des appelants, un procès dure des années; nous pourrions même en citer qui durent depuis des siècles; il ne faut donc pas s'imaginer que la justice soit ainsi mieux rendue, puisque quelquefois elle ne l'est plus du tout. Cette possibilité d'interjeter deux appels est-elle maintenant une protection accordée au faible contre le puissant, un moyen pour lui de combattre l'influence du crédit, du nom ou de la position de son adversaire? Nullement, car poursuivre un procès devant trois tribunaux, c'est se jeter dans des frais énormes de procédure que bien peu de plaideurs seront en état de supporter, si nous les supposons dans une position de fortune médiocre. De plus, au point de vue moral, nous ne pensons pas que l'intérêt général de la société soit protégé par cette organisation judiciaire. Il est complétement inutile que les procès durent longtemps ; prolonger la durée d'un procès, c'est fomenter les querelles dans les familles, c'est éterniser les dissensions et les haines, c'est mettre la discorde entre les citoyens. Il y a donc là une question d'ordre public.

Un triple degré de juridiction ne nous semble donc pas un système d'organisation judiciaire conforme aux principes du droit moderne ; néanmoins, comme nous n'avons d'autre dessein dans cet ouvrage que d'étudier les lois romaines au point de vue romain, nous n'hésitons pas à dire que nous croyons ce triple appel *nécessaire* et presque *indispensable* à Rome.

Nous avons dit plus haut que la loi romaine n'admettait pas la supériorité du tribunal d'appel sur celui de première instance, et donnait aux deux tribunaux une valeur égale ; or cette assimilation qui, en France, serait inexacte, est, à Rome, parfaitement logique. La Cour impériale est supérieure au tribunal de première instance par le nombre et la capacité des magistrats, par les conditions d'indépendance et d'impartialité dans lesquelles ils se trouvent placés, rien de plus juste, rien de plus vrai ; c'est de plus un tribunal particulier qui ne juge jamais qu'en appel, et qui n'examine que des questions plus précisées, plus nettement définies, où les affaires ne se présentent qu'éclairées par le travail de première instance. Les jugements émanés de ce tribunal ne sauraient donc avoir une valeur simplement *égale* à ceux des premiers juges. Mais en est-il de même à Rome ? Nous ne le pensons pas. Le tribunal d'appel n'est pas, dans la plupart des cas, un tribunal supérieur, ni même différent du tribunal de première instance. Nous avons dit déjà que la seconde chambre d'un tribunal était souvent chargée de juger en appel une cause décidée en première instance par la première chambre du même tribunal; il n'y a donc pas, dans les États de l'Église, les mêmes raisons de supériorité à invoquer. Notre argument subsiste même pour les tribunaux d'appel, anciennement institués dans les provinces; ils n'étaient pas seulement chargés des appels, ils jugeaient aussi en première instance; donc des deux premières décisions rendues, aucune ne pouvait avoir par elle-même de valeur supérieure à la première. Un troisième degré de juridiction qui décidât entre ces deux sentences contraires était donc nécessaire.

Vouloir blâmer cette institution à Rome, ce serait aussi condamner d'un seul coup toute l'organisation judiciaire des États de l'Église, qui la rend indispensable; bien plus, ce serait condamner le système judiciaire qui a le plus de partisans en Italie, celui que les législateurs de Turin (1) et les principaux jurisconsultes de Milan (2), envient aux États romains et voudraient voir introduire dans leur propre patrie. Nous ne croyons donc pas qu'il serait sage d'adopter sans examen les conclusions tendant à blâmer d'une manière absolue les trois degrés de juridiction de la procédure romaine; cette institu-

(1) Discours de M. le ministre de la justice aux chambres de Turin, sur le projet de Code civil.

(2) *Journal la Legge*, n° 5; article de M. Gaetano Bandi, président de la chambre des requêtes à la Cour de cassation de Milan.

tion a, à Rome, des avantages sérieux qui en atté-
nuent fortement les inconvénients; elle est enfin
conforme au caractère italien; nous la croyons donc
suffisamment justifiée au point de vue romain, et
par conséquent sagement édictée par la loi romaine.
Ce principe établi, il nous reste à en examiner les
conséquences, c'est-à-dire à indiquer comment est
organisé l'appel dans le Code romain.

La loi déclare qu'on peut interjeter appel contre
tout jugement, excepté cependant dans certaines
causes qu'elle énumère.

Ces causes sont : celles qui sont inférieures à dix
écus, 53 fr. 50 c. ; celles qui concernent la liquidation des frais d'un procès ; celles enfin dont la décision a été acceptée par la partie succombante.

L'acceptation d'un jugement se manifeste : par la
renonciation formelle de poursuivre le procès ; par
le refus d'interjeter appel ; par l'acquiescement de
la partie succombante aux dispositions émises par le
jugement.

La loi romaine accorde un délai d'une année entière pour interjeter appel de quelque sentence que
ce soit, et ce délai commence à partir du jour de la
notification du jugement à la personne ou à son domicile. De plus elle donne encore un autre délai de
six mois à l'appelant pour poursuivre son appel à
partir du jour où sa déclaration d'appel aura été formulée. Passé tous ces délais, la faculté d'appeler est
périmée de plein droit, sans qu'il soit besoin d'une
interpellation faite à la partie par voie judiciaire ou
d'un jugement. Cette règle comprend toutes les personnes mineures, pupilles, interdits, personnes mo-

rales, etc., quels que soient les priviléges qui sont attribués à certains individus par les lois de droit commun.

L'appel produit un effet suspensif, du moment où il est interjeté, excepté dans certains cas, indiqués par la loi, où il y a toujours lieu à l'exécution provisoire : les tribunaux de second degré ont seuls le droit de prononcer l'exécution provisoire, quand ce sont les parties ou l'une des parties qui la demandent et non plus la loi qui l'ordonne.

L'appel ne pourra être admis contre un jugement provisoire, que s'il est interjeté conjointement avec l'appel contre un jugement définitif.

La procédure en appel, devant les tribunaux de second degré, contient les mêmes formalités et les mêmes prescriptions que devant les tribunaux de première instance; les parties, jouissant des mêmes délais, doivent produire les mêmes pièces, discuter l'affaire dans les mêmes formes. S'il s'élevait, à l'ouverture du débat, une contestation sur la valeur de l'appel, le tribunal rend sur cette question un jugement préliminaire dans les formes prescrites pour les demandes incidentes, et ce jugement ne peut être contesté par les parties.

Il n'est de formes de procédure spéciales, en matière d'appel, que quand la cause est portée devant le tribunal de la Rote ou devant la cour *della piena Camera*, pour les affaires fiscales; nous allons les indiquer sommairement.

Il y a lieu de rappeler ici la grande division des causes majeures et des causes mineures.

Les causes majeures sont proposées au jugement

des deux tribunaux avec la formule *du doute* ; c'est-à-dire qu'après avoir exposé l'affaire et reproduit la décision des premiers juges, le procureur demande dans son mémoire, « *An sententia rotalis* ou bien *an sententia tribunalis* (pour la piena Camera) *sit infirmanda vel confirmanda ?* » Le tribunal pèse alors chacune des deux hypothèses, énonce son avis sur chacune d'elles, fait connaître ses raisons de décider, et prononce la sentence.

Les causes mineures sont introduites devant ces deux tribunaux supérieurs d'une manière plus simple, et la formule dubitative n'est plus nécessaire ; tout se passe dans les formes ordinaires, et quand le tribunal juge l'affaire suffisamment claire, il rend la sentence sans la motiver ; autrement, s'il juge la cause susceptible de recevoir de nouveaux éclaircissements, il rend un premier jugement qu'on nomme décision provisoire, dans laquelle il expose ses raisons de douter, afin que les parties puissent répondre : un délai de vingt jours au moins et d'un mois au plus leur est assigné pour cela. Enfin, après une nouvelle défense produite par celle des deux parties dont les droits sont contestés dans la décision provisoire, le tribunal prononce un jugement qui doit alors être motivé.

Telle est la marche que suit la procédure en premier et en dernier appel ; telles sont les formes dans lesquelles se rendent les jugements définitifs. Après la troisième sentence, il ne reste plus au plaideur, et dans certains cas seulement, que le recours devant le tribunal de la suprême Signature.

§ 5.

PROCÉDURE DEVANT LA COUR SUPRÊME DE LA SIGNATURE.

La Cour suprême de la Signature remplit, à Rome, les fonctions de Cour de cassation : ce tribunal n'a d'autre mission que de recevoir ou de rejeter les demandes qui ont pour but de faire annuler ou réformer tous les jugements.

Les pourvois des parties sont introduits par une citation de comparution déposée au greffe des juges ou des tribunaux d'où émanent les actes judiciaires ou les sentences qui sont combattues. La partie qui forme le recours fait notifier cette citation aux autres parties et dépose, pendant la durée du délai, au greffe du tribunal suprême la copie de son propre pourvoi, l'acte de citation et un certificat constatant qu'elle a versé dans la caisse du greffe un dépôt de dix écus pour les causes majeures, et de quatre écus pour les causes mineures. Cette somme est rendue à la partie, si le recours est admis; dans le cas contraire, elle appartient à la congrégation de Saint-Ives : la même nécessité d'un dépôt pécuniaire est établie en France.

Les parties constituent leur avoué; puis la plus diligente appelle les autres devant le prélat auditeur, sur un simple acte d'avoué à avoué, pour fixer le jour de la discussion. Ce délai ne peut être moindre d'un mois pour les causes majeures et de vingt jours pour les causes mineures; l'ordonnance de l'auditeur désigne un prélat référendaire pour faire le rapport de l'affaire, et celle-ci est inscrite au rôle. Du jour de la notification de cette inscription commence à courir un délai d'au moins quinze jours pour la production de toutes les pièces, preuves, documents, actes judiciaires et mémoires; enfin dix jours au moins avant la première audience, la partie la plus diligente doit intimer aux autres parties la notification du jour fixé pour la comparution.

Quand la cause est majeure ou réservée, quoique mineure, à la connaissance du tribunal tout entier, la procédure se fait devant le tribunal de la Signature dans les mêmes formes exactement que devant un tribunal de première instance: mémoires écrits et lus, discussion orale; *opinamento* du tribunal, délai pour répondre, nouveaux débats, etc.

Mais pour les causes mineures et toutes les demandes incidentes, la procédure est simplifiée : pas de notification d'inscription au rôle, pas d'*opinion* énoncée par le tribunal avant son jugement définitif; tous les mémoires, réponses et répliques écrites sont limités à un certain nombre de pages.

Enfin le tribunal de la Signature prononce son jugement ou rescrit : il ne peut et ne doit qu'admettre ou rejeter purement et simplement le pourvoi; et l'affaire, si le pourvoi est admis, est alors renvoyée devant les premiers juges qui doivent recommencer l'instruction *ex integro*.

Ce renvoi d'une affaire devant la même juridiction constitue la différence fondamentale qui sépare l'organisation du tribunal de la suprême Signature de celle qui régit notre Cour de cassation : elle n'est évidemment pas à l'avantage de la procédure romaine, car elle fait naître entre les tribunaux et la Cour un antagonisme qui se traduit souvent par une obstination et une persistance calculées : de là un moyen facile d'éterniser les procès et de recommencer indéfiniment, en invoquant chaque fois de nouveaux moyens, jusqu'à ce que l'un des deux tribunaux consente à reconnaître son erreur, une seule et même affaire.

Cela nous semble un des vices les plus radicaux de l'organisation judiciaire des États de l'Église; mais nous croyons pouvoir avancer qu'on s'occupe activement de le faire disparaître.

Les rescrits du tribunal suprême ne peuvent être rétractés et sont toujours définitifs : les frais sont supportés par la partie succombante, et le décret qui condamne à tous les frais et dommages-intérêts peut être exécuté par tous les moyens coercitifs autorisés par les lois, après un délai de cinq jours seulement.

§ 1.

DE L'EXÉCUTION DES JUGEMENTS.

Il faut, pour que les jugements soient exécutés, qu'il existe contre la partie succombante et de mauvaise foi des moyens de rigueur et une sanction pénale. En France, ces moyens sont, en termes généraux, la saisie-arrêt, la saisie-exécution et la contrainte par corps ; à Rome, sous des noms différents, ils sont, à peu de détails près, exactement les mêmes. En effet, les jugements sont exécutés au moyen des séquestres exécutifs, des gages, de la vente des biens mobiliers et immobiliers et des actions ou droits réels, enfin de l'arrestation personnelle.

Or les séquestres exécutifs, c'est l'acte judiciaire qui, en vertu d'un jugement définitif et exigible, transforme en gage légal les deniers ou les effets appartenant au débiteur et qui se trouvent entre les mains d'un tiers, *saisies-arrêts ou oppositions*. Les gages, c'est l'acte par lequel le créancier fait mettre sous scellés, ou déposer en un lieu désigné, au *depositario publico*, les biens mobiliers ou immobiliers, les actions ou droits réels qui appartiennent à son débiteur ; *saisies-exécutions, saisies-brandons, saisies de rentes, saisies immobilières*, etc. Enfin la vente des biens mobiliers ou immobiliers, actions et droits réels, c'est la vente judiciaire faite à l'encan de tous les biens du débiteur et suivie de l'adjudication, *saisie immobilière, adjudication, ordre.*

Tous ces moyens d'action, mis entre les mains du créancier contre son débiteur, sont réglés par le Code de procédure romain d'une façon identique aux prescriptions en vigueur dans notre droit français ; les différentes règles du Code de procédure civile ont été presque littéralement reproduites ; l'ordre même des articles est souvent le même. Les différences à signaler se réduiraient donc à des questions de mots plutôt qu'à des questions de fait ; nous n'entrerons pas dans ces détails. Nous aimons mieux dire quelques mots de l'arrestation personnelle que la loi française désigne sous le nom de *contrainte par corps.*

En France, la loi considère en fait la contrainte par corps et l'emprisonnement du débiteur comme un moyen, extrême sans doute, mais parfaitement légitime, de le contraindre à payer ce qu'il doit : « *La contrainte par corps*, disait en théorie M. Portalis, « *ne doit être envisagée que comme une loi transitoire,* « *et il faut espérer qu'il arrivera un moment où elle* « *pourra être complétement abolie.* » Mais, malheureusement, ce moment n'est pas encore venu, et les débiteurs pour dettes continuent depuis soixante ans, toujours provisoirement il est vrai, à être incarcérés à Clichy. La contrainte par corps fait donc partie intégrante de nos lois, et le Code n'avait aucun motif particulier pour multiplier les prescriptions et exagérer les précautions qui autorisent l'emploi de ce dernier moyen de rigueur. A Rome, l'arrestation du débiteur est considérée au contraire comme une peine d'une gravité extrême que la loi réserve avec soin et n'autorise qu'avec les plus grands ménagements : ce n'est qu'après que tous les autres moyens ont été épuisés ou que tous les efforts ont été tentés pour amener le débiteur à faire honneur à ses engagements que le créancier peut en arriver à cette extrême rigueur.

Ainsi l'arrestation ne pourra avoir lieu si la condamnation ne dépasse pas une certaine somme, si l'insuffisance ou le manque de biens ne résulte pas positivement des procès-verbaux de la vente judiciaire, des déclarations des huissiers constatant que le débiteur ne possède plus aucun bien pouvant servir de gage à ses créanciers, et enfin d'un extrait des registres du cens prouvant que le débiteur n'.

plus possesseur d'aucun bien situé soit à Rome, soit dans la campagne ; si l'arrestation n'est pas précédée d'un commandement de payer dans un délai de cinq jours, auquel est jointe en termes exprès la déclaration que, faute de ce, le débiteur sera arrêté personnellement ; et ce commandement doit être fait à la personne *elle-même* et dans son domicile réel.

De plus, la contrainte par corps n'est pas prononcée quand le débiteur est parent consanguin du ou des créanciers dans les lignes ascendante, descendante ou collatérale jusqu'au second degré inclusivement ; quand le débiteur est employé public et durant l'exercice de ses fonctions.

Indépendamment de toutes ces défenses, nous pourrions signaler encore toutes celles qui ont été introduites dans le Code français par les lois du 17 avril 1832 et du 16 décembre 1848, relatives aux maris contre leurs femmes ou réciproquement ; aux mineurs, aux septuagénaires, etc. ; mais nous aimons mieux ajouter simplement que le Code romain n'autorise jamais l'emprisonnement du débiteur pour une durée de plus d'un an, et que la contrainte par corps ne s'exerce pas en matières commerciales d'une manière plus rigoureuse qu'en matières civiles.

Quant aux prescriptions établies pour régler la vie du prisonnier pour dettes dans la prison et assurer la justice de son incarcération ou la facilité de son élargissement, elles ont été littéralement copiées dans nos lois, et les paragraphes du Règlement civil et judiciaire ne sont plus en cette matière que la traduction des articles du Code de procédure civile.

Nous n'ajoutons plus maintenant qu'un mot ou plutôt qu'une date : le Code romain fut promulgué en 1834, et déjà il contenait toutes les réformes qu'une révolution seule a pu introduire en pareille matière dans notre législation ; nous ne croyons donc pas, encore une fois, que les lois romaines soient par trop rétrogrades, et qu'elles soient d'un siècle en retard dans la marche de la civilisation moderne.

Nous avons achevé maintenant de faire connaître le mécanisme général de la procédure civile, et quoique nous ayons forcément négligé et passé sous silence bien des points d'une importance relative, nous pensons avoir donné une idée suffisante et claire de la marche que suivent les affaires judiciaires dans les États romains. En nous efforçant ainsi de dégager et de mettre en lumière les principes, nous pensons avoir donné les moyens d'arriver aux conséquences, c'est-à-dire de connaître les détails ; nous nous abstiendrons donc d'entrer plus avant dans l'examen de tous les secrets et de tous les incidents de procédure qui sont réglés et prévus d'avance par les lois : le lecteur curieux pourra s'en rendre un compte exact, s'il ne perd pas de vue les différences fondamentales que nous avons établies comme bases, et s'il se rappelle qu'à part ces quelques points capitaux, les deux Codes, romain et français, ont été élaborés sur les mêmes plans et en suivant la même méthode.

CHAPITRE II.

JUSTICE CRIMINELLE.

L'organisation de la justice criminelle dans les États de l'Église a donné lieu, dans ces derniers temps, à bien des attaques injustes et servi de prétexte à bien des calomnies. Certains procès politiques en effet qui, tout récemment encore, ont eu un retentissement européen, ont fait complétement perdre de vue la marche régulière que suivent les affaires criminelles ordinaires; et l'on a pris comme exemple la procédure d'exception qui s'applique, dans presque tous les États, aux délits politiques pour condamner sans appel toute la procédure criminelle romaine.

Nous allons donc essayer simplement ici de rappeler autant que possible les principes et les bases de l'instruction et de la juridiction criminelles, établies pour la répression des délits et des crimes ordinaires. En mettant sous les yeux de tous des documents authentiques puisés dans la loi elle-même, hors de laquelle il n'y a rien de certain et d'incontestable, nous espérons faire mieux connaître les formes légales d'une procédure que les passions politiques ont transformée en la commentant à leur profit, et en raisonnant d'après des hypothèses et des espèces particulières. Nous citerons donc seulement, sans commentaires ni réflexions, les faits et les règles, et nous nous en rapporterons pour la conclusion à l'impartialité de tous ceux qui cherchent dans un livre des lumières pour éclairer leur jugement et non des arguments pour servir leur propre cause.

SECTION PREMIÈRE.

DES TRIBUNAUX CRIMINELS.

De même que pour les affaires civiles, il y avait pour les procès criminels, dans les provinces, avant le démembrement des États du Pape, une organisation différente de celle qui était en vigueur à Rome.

La justice, en matière criminelle, y était rendue par les gouverneurs, les tribunaux de première instance et les tribunaux d'appel, et ces derniers faisaient aussi fonction de tribunaux supérieurs de révision.

Les gouverneurs jugeaient toutes les causes mineures ; les tribunaux de première instance toutes les causes majeures et les causes capitales, sauf l'appel : les tribunaux d'appel jugeaient enfin toutes les causes dans lesquelles l'appel était admis : or cette dernière juridiction est complétement abolie en fait, puisque Bologne et Macerata, seules villes où siégeassent des tribunaux d'appel, ne font plus partie des États de l'Église. Ce qui séparait, dans les provinces, l'organisation de la juridiction criminelle de l'organisation de la juridiction civile, c'était précisément le pouvoir propre, attribué aux tribunaux d'appel, de juger comme juges de révision : de cette façon, l'immuabilité de la loi n'était plus conservée par une seule et même Cour, pour toutes les différentes provinces de l'État, et les abus pouvaient se glisser sous l'influence des impressions locales.

Pour qu'une affaire en effet fût portée d'une province à Rome, il fallait que le condamné formât un recours en grâce auprès du Souverain.

Aujourd'hui à Rome et pour tout son territoire, la connaissances des affaires criminelles est réservée aux juges et aux tribunaux suivants :

1° Les gouverneurs et le tribunal du gouverneur de Rome ;

2° Le tribunal criminel de Rome ;

3° Le tribunal *della Sacra Consulta ;* et, comme tribunaux extraordinaires, jouissant d'une juridiction spéciale, nous citerons :

1° Le tribunal *del Prefetto dei sacri Palazzi Apostolici ;*

2° Le tribunal criminel *della R. C. A.*

§ 1er.

TRIBUNAUX ORDINAIRES.

1° Gouverneurs; tribunal du Gouverneur de Rome.

Les gouverneurs des différentes villes du territoire de Rome (Frascati, Tivoli, Albano, etc.), jugent dans ces pays toutes les infractions que les lois punissent de peines légères; le tribunal du Gouverneur de Rome juge l'appel qui est porté contre leurs sentences. De plus, à Rome, ce tribunal connaît de toutes les causes de peu d'importance; pour toutes ces affaires, le gouverneur délègue ses pouvoirs à l'un des ses assesseurs, qui prononce alors comme juge singulier.

Les assesseurs jugent toutes les contraventions et certains petits délits; ils remplacent, à Rome, notre justice de paix : en un mot, ils connaissent de tous les *délits mineurs*. Or la loi appelle *délits mineurs,* toutes les infractions qui sont punies de peines pécuniaires, d'amendes, ou de peines afflictives qui n'excèdent pas une année de travaux publics; toutes les autres infractions qui entraînent la condamnation aux autres peines sont des *délits majeurs.* L'appel n'est permis que dans les délits mineurs ou contre une sentence qui prononce la peine capitale. Or nous trouvons ici la loi romaine plus logique et plus juste, en quelque sorte, que la loi française; car cette possibilité de l'appel, en matière de peine de mort, nous paraît plus conforme à toutes les idées de philosophie et de morale que le simple pourvoi en cassation; elle était du reste presque indispensable à Rome, où le jury n'existe pas.

2° *Tribunal criminel de Rome.*

Le tribunal criminel est composé de deux prélats, qui portent les titres de président et de vice-président, et de six magistrats laïques qui portent simplement le titre de juges. Ce tribunal forme deux chambres qui sont composées de trois magistrats chacune; la seconde est présidée par le vice-président.

Le tribunal criminel juge en première instance tous les délits qui comportent l'appel, il juge en premier et dernier ressort tous les délits majeurs, mais qui n'entraînent pas une condamnation à la peine capitale. Pour les délits majeurs ordinaires, il ne reste d'autre voie de recours au condamné que le pourvoi en révision ou la grâce souveraine.

3° *Tribunal della sacra Consulta.*

Le tribunal criminel *della sacra Consulta* est la Cour suprême de justice criminelle. Présidé par un cardinal qui porte le titre de préfet, il est composé de douze juges au moins qui sont tous prélats, et se divise en plusieurs chambres qui se partagent l'expédition des affaires.

Comme tribunal d'appel, la sacrée consulte connaît de toutes les causes qui ont été déjà jugées par un tribunal de Rome ou de l'*Agro Romano*, de quelque degré que soit ce tribunal, de quelque nature que soit la cause, c'est-à-dire qu'elle soit laïque ou ecclésiastique.

Comme tribunal de révision, la sacrée consulte connaît de toutes les questions la compétence, de renvoi ou de cassation relatives à des sentences prononcées par les juges ou les tribunaux de Rome et du territoire.

Comme tribunal suprême, jugeant en premier et dernier ressort, elle connaît de tous les crimes de lèse-majesté, de conspiration, de sédition, de tous les attentats contre la sûreté publique, en un mot de toutes les causes politiques; elle connaît encore de toutes les questions de conflits qui peuvent s'élever entre deux ou plusieurs tribunaux criminels et décide sur la compétence; elle connaît enfin de toutes les poursuites qui peuvent être intentées contre des fonctionnaires publics, à cause de l'exercice de leurs fonctions.

La sacrée consulte est aujourd'hui présidée par S. E. le cardinal Antonelli.

§ 2.

TRIBUNAUX EXTRAORDINAIRES.

1° Tribunal del Prefetto dei sacri Palazzi Apostolici.

Parmi les tribunaux d'exception, qui ne jugent qu'incidemment pour ainsi dire, les personnes laïques, le plus important est celui du préfet des palais apostoliques. Ce tribunal, composé de quelques-uns des grands dignitaires de la Cour pontificale (le grand majordome des P. A., y remplit les fonctions de président), a le privilége de juger exclusivement tous les délits qui sont commis dans l'intérieur des palais apostoliques par des étrangers ou des gens de service, et toutes les infractions dont se sont rendues coupables, en quelque lieu que ce soit, toutes les personnes laïques ou ecclésiastiques qui sont employées dans les palais du Souverain. Les habitants de Castel-Gandolfo sont soumis aussi à la juridiction extraordinaire de ce tribunal.

2° Tribunal criminel della R. C. A.

En second lieu, il faut citer la congrégation criminelle *della Rev. Camera Apostolica.*

Ce tribunal particulier a pour mission de juger tous les délits de contrebande ou de fraudes en matière fiscale.

Il est composé de deux prélats, dont l'un porte le

titre de président, et l'autre celui d'auditeur du cardinal camerlingue, de deux magistrats laïques qui sont *juges caméraux*, et d'un procureur fiscal. Celui-ci représente auprès du tribunal le fisc et poursuit en son nom les actions qui lui compètent ; ses fonctions sont analogues à celles que remplirait en France le ministère public, avec toutefois certains pouvoirs et certains droits plus ou moins étendus que nous ferons connaître dans la suite de ce travail.

Tels sont donc les tribunaux criminels de Rome qui jugent les personnes laïques : 1° juges singuliers qui rendent la justice en matières sommaires et qui remplissent des fonctions analogues à celles de nos juges de paix ; 2° un tribunal criminel, qui connaît de tous les délits et de tous les crimes, sauf les crimes politiques, et qui juge en appel dans l'une de ses chambres les jugements prononcés par l'autre chambre dans toutes les causes mineures ou contre tous les crimes emportant la condamnation à mort ; 3° un tribunal suprême remplissant, en matière criminelle, les fonctions de notre Cour de cassation et de notre conseil d'État et jugeant en première et dernière instance les crimes politiques. De plus, un tribunal spécial pour juger les affaires du fisc et les vols commis envers l'État ; une juridiction particulière attribuée au préfet des palais du Souverain et destinée à faire régner d'une manière plus ferme l'ordre dans le service et à protéger l'intégrité des objets précieux et des biens de la couronne d'une manière plus rigoureuse et plus active.

A côté de tout cela, des tribunaux ecclésiastiques et des conseils de guerre qui jugent des personnes d'exception, et dont nous n'avons pas à nous occuper dans cette étude.

§ 3.

DE L'ORGANISATION DES TRIBUNAUX CRIMINELS.

Quelle est maintenant l'organisation de tous les tribunaux laïques, et quelles règles générales y sont suivies pour la procédure? C'est ce que nous allons faire connaître en peu de mots.

Tout délit donne naissance à une action civile et à une action criminelle, et ces deux actions peuvent être poursuivies devant les tribunaux criminels; seulement la première compète dans tous les cas aux parties lésées qui peuvent en faire usage ou non, et la seconde appartient aux fonctionnaires chargés de la poursuite des crimes par l'autorité souveraine. L'action criminelle ne peut jamais être suspendue par la seule volonté des parties lésées : le gouvernement a pour mission et pour devoir de protéger les intérêts généraux de la société et de faire régner l'ordre et la tranquillité dans l'État; il doit donc poursuivre les coupables, quand bien même les offensés seraient assez généreux pour pardonner aux offenseurs. La loi ne doit pas être soumise à des influences locales ou à des considérations personnelles qui pourraient changer sa justice en faiblesse et soumettre son action, qui doit rester universelle et immuable, aux caprices d'un seul individu.

Nous avons indiqué pour quelles causes et dans quelles affaires l'appel était admis : le remède de la révision est possible dans toutes les causes ; mais comme il consiste simplement dans la faculté d'implorer du tribunal suprême l'annulation de la sentence pour vice de formes substantielles, pour fausse application des lois pénales ou pour excès et abus de pouvoir, il peut n'être pas admis dans tous les cas. Il en est de même, en France, pour le pourvoi en cassation.

Les juges de tous les tribunaux criminels, pour que le jugement rendu soit valable, doivent toujours être en nombre pair et ne peuvent jamais être moins de quatre : dans le cas où le tribunal ne serait composé entièrement que de trois juges, on devrait lui adjoindre un juge suppléant pour compléter le nombre réglementaire.

A tous les tribunaux criminels sont attachés, ou désignés spécialement parmi les juges pour en remplir les fonctions, deux ou un plus grand nombre de juges d'instruction, un greffier criminel et un ou plusieurs substituts chargés de préparer le rapport et l'instruction de la cause. De plus, il existe encore près de tout tribunal un avocat des pauvres, qui est chargé de défendre d'office les prévenus qui ne font pas choix d'un défenseur spécial, et celui-ci ne peut être choisi, au reste, que parmi les avocats et les procureurs exerçants. Les juges d'instruction, les défenseurs des pauvres, les greffiers et les substituts sont nommés par le Pape, par l'intermédiaire du secrétaire d'État. Il n'y a donc pas à Rome, à proprement parler, comme il en est

en France, de ministère public, chargé spécialement de représenter la société tout entière et de
défendre ses intérêts, agissant en son propre nom
ou au nom d'autrui et soutenant devant le tribunal
l'accusation portée par lui-même. Le rôle des procureurs fiscaux se rapproche beaucoup, sans contre-
dit, de celui que jouent en France les procureurs
impériaux; mais néanmoins il n'est pas complète-
ment identique. Quant à celui des juges d'instruction et des substituts, il est beaucoup plus simple et plus restreint : ils dirigent seulement la
poursuite et préparent l'instruction; ils rédigent
enfin le rapport qui est mis sous les yeux des
juges.

Toutes ces prescriptions ne constituent que des
différences de détail; nous arrivons à une différence
essentielle et de la plus haute importance : dans
tous les jugements criminels qui portent sur des
délits majeurs, la discussion de la cause et tous les
débats se passent tout entiers entre le tribunal et le
prévenu, assisté de son défenseur; mais le public
n'est pas admis, et la procédure n'est pas publiée:
en un mot, le huis clos est la règle et non pas
l'exception.

Nous ferons remarquer, non pas tant pour défendre
que pour faire simplement comprendre cette mesure,
qu'on a été jusqu'à qualifier de *crime envers la justice humaine*, deux faits et deux détails seulement.

1° Le huis clos a été reconnu nécessaire, disons
plus, indispensable, dans certains cas, en France, et
les débats judiciaires de la police correctionnelle et
de la cour d'assises sont les écoles habituelles où

viennent se former les voleurs et les assassins. La révélation de toutes les turpitudes et de toutes les audaces des prévenus, faite à tous et devant tous, produit un effet déplorable sur la morale et l'esprit publics : elle encourage les malfaiteurs et les exhorte au crime, en leur apprenant les moyens de tromper la crédulité et la bonne foi populaires ; elle révèle à tous, les moyens de faire le mal et les ruses pour éviter le châtiment : c'est souvent un cours public de scandale et de désordre ! Sans doute la présence du public exerce sur le magistrat une salutaire influence et l'oblige à une plus grande impartialité ; elle l'exhorte à la patience et comprime son indignation ; mais cette influence ne peut-elle donc pas être exercée également sur son esprit par la présence d'un défenseur dévoué et honnête qui prend soin des intérêts du prévenu et surveille l'équité et l'impartialité de la justice ? Le Code criminel romain l'a pensé, il a cru que l'avocat du prévenu suffirait pour remplir à lui seul cette importante mission : aussi la présence d'un avocat défenseur est-elle obligatoire.

« Quand même l'accusé refuse de se servir du mi-
« nistère d'un avocat et veut pourvoir lui-même à sa
« défense, le chef du tribunal lui en assignera tou-
« jours un d'office ; car il est absolument interdit de
« procéder au jugement d'un prévenu sans l'inter-
« vention d'un avocat défenseur (1). »

2° Le caractère du peuple romain étant essentiellement différent du caractère du peuple français, les mêmes causes produisent, chez l'une ou l'autre na-

____

(1) Règlement organique de procédure criminelle, art. 690.

lion, des effets différents. Qu'on ne s'étonne donc pas alors que les prescriptions, concernant les mêmes faits, n'y soient pas toujours non-seulement les mêmes, mais encore qu'elles diffèrent profondément quelquefois.

Voilà pourquoi nous, qui reconnaissons parfaitement la nécessité en France, de la publicité de la justice criminelle, nous n'hésitons pas à dire que le huis clos est nécessaire à Rome et dans presque toute l'Italie. Il ne faut pas en effet que tous les parents et amis du prévenu puissent connaître les témoins. Le peuple romain est vindicatif à l'excès; les Transtévérins et les Romagnols le disputent aux Corses par l'effroi qu'inspirent leurs *vendette* et par la renommée terrible que s'est acquise leur poignard : lorsque les témoins seront exposés à être reconnus à l'audience, ils pourront être sûrs que désormais leurs heures et leurs jours sont comptés; pour les punir d'avoir révélé et fait condamner le chef, les complices ou les amis sauront tous, un moment ou l'autre, leur percer la gorge sur les marches d'une église ou sous le porche d'un palais. Comment voulez-vous alors que des hommes, sachant cela, consentent à venir témoigner en justice? Comment voulez-vous qu'ils viennent s'exposer volontairement à une mort certaine en s'offrant aux regards d'ennemis implacables? Et comment voulez-vous, d'un autre côté, que la police les protège suffisamment contre les embûches de cent assassins inconnus ? Nous pourrions citer, pour corroborer nos assertions, maintes histoires lugubres de ce genre et raconter même plusieurs faits dont nous avons été témoin ; mais ce ne sont pas là des documents authentiques, irréfutables, certains, que chacun peut contrôler et examiner de soi-même, pièces en main. Aussi nous aimons mieux rappeler simplement ce qui se passe aujourd'hui dans les Romagnes où la justice criminelle est publique et accessible à tous : les journaux francais et italiens ont relaté le fait que nous allons citer (1).

A Bologne, le nombre des crimes a tellement augmenté depuis l'introduction des lois piémontaises, par suite de l'impunité que les malfaiteurs se sont assurée en intimidant les témoins par leurs menaces, et en empêchant par la crainte qu'ils ont su inspirer toute la bonne volonté des citoyens de dire la vérité, que le parlement italien s'est ému de cet état de choses anormal, et qu'un député a proposé, comme seul moyen de remédier au mal, c'est-à-dire de retrouver des gens qui puissent témoigner sans danger en justice, d'en revenir au système romain, au huis clos. La proposition n'a pas été acceptée ; elle n'en est pas moins un précédent très-curieux et très-intéressant à signaler.

En résumé, ce huis clos est nécessaire, à Rome, pour la répression des crimes : les témoins, qu'on trouve déjà si difficilement dans l'état actuel des choses, deviendraient complétement introuvables s'ils avaient toujours en perspective l'obligation de témoigner en public; le huis clos, comme règle générale, a donc au moins, à Rome, sa raison d'être.

Est-il maintenant indispensable de le maintenir

(1) V. *la Nazione* de Turin ; *la Presse*, *l'Opinion nationale* de Paris; séances du parlement italien, déc. 1861.

dans toute sa rigueur et d'en faire une règle absolue? Nous ne le croyons pas, et le gouvernement lui-même, qui, plus d'une fois déjà, a tenté de le supprimer ou tout au moins de le modifier, partage cette manière de voir. Aussi, quoique les audiences des tribunaux criminels ne soient pas publiques, c'est-à-dire, accessibles à toutes les personnes étrangères au procès, les citoyens qui le désirent peuvent, moyennant une permission spéciale de Mgr le premier président, assister à toutes les audiences et suivre tous les débats d'une affaire criminelle : cette permission ne peut se refuser que si le juge a des motifs graves de la croire contraire aux intérêts des parties. Le huis clos peut donc n'être pas toujours rigoureusement observé ; c'est déjà un progrès : si maintenant le gouvernement accordait à la presse l'autorisation de publier le procès et de le discuter, nous croyons que cette réforme libérale serait favorablement accueillie par tous et qu'elle constituerait une amélioration désirable et attendue. *Sagement* et *sévèrement réglementée*, cette publication ne nuirait en rien aux témoins, ne pourrait blesser en rien les lois de la morale et l'ordre public. Nous ne désespérons pas de la voir bientôt figurer dans la loi.

Les règles pour la compétence des tribunaux sont, à Rome, pour les personnes laïques, les mêmes qu'en France : le tribunal compétent est celui du lieu dans lequel l'infraction a été commise. Mais quand l'instruction comprend des ecclésiastiques et des clercs, ce sont les tribunaux ecclésiastiques, desquels dépendent personnellement les prévenus, qui sont saisis de l'affaire.

Les tribunaux, avant d'entamer les débats d'un procès criminel, doivent se déclarer tout d'abord compétents ou incompétents : dans le premier cas, ils conservent alors la juridiction de l'affaire ; dans le second, ils doivent la renvoyer devant qui de droit, ainsi que toutes les pièces relatives à l'instruction commencée, les objets de conviction, les rapports des témoins, etc. L'incompétence du tribunal peut toujours être alléguée par le prévenu, si ce n'est pour les informations et les mesures exécutoires, conservatoires ou préventives qu'un tribunal a toujours le droit de prendre ou d'ordonner, selon les cas, dans toute circonstance possible.

Le prévenu peut encore, *ante litem*, récuser tout juge ou tout magistrat du tribunal qu'il lui plaira, pourvu toutefois qu'il puisse arguer d'un motif de suspicion légitime.

Les règles pour la récusation des juges sont à peu près les mêmes que celles qui sont édictées dans l'art. 378 du Code de procédure français ; la récusation peut être demandée : quand un juge a un intérêt propre dans la cause ; quand il est parent ou allié de l'un des prévenus jusqu'au second degré inclusivement ; quand il est en instance devant les tribunaux civils ou criminels contre une ou plusieurs des parties ; quand il existe entre lui et l'un des prévenus un motif d'inimitiés graves (art. 94). Quand la récusation est suffisamment justifiée, le juge l'admet de son propre mouvement et se récuse, ou s'il n'y consent pas, c'est le président du tribunal qui prononce sur l'incident ; il rejette ou admet la demande et prononce ou non la récusation.

SECTION II.

DE L'INSTRUCTION CRIMINELLE.

Dans l'instruction criminelle, comme dans la procédure civile, tous les actes doivent être faits par
écrit; et cette procédure écrite forme même la base
de tout procès criminel; elle doit être faite aujourd'hui en langue italienne et non plus en langue latine. Excepté les cas particuliers où la loi déclare
qu'on ne pourra procéder contre un individu sans
le concours de la partie offensée, cas très-rares et
déterminés *stricto sensu*, toute poursuite est introduite, soit par l'ordre du procureur fiscal, soit par
la dénonciation, soit par la plainte, soit par l'accusation. Le délit est déterminé par tous les moyens de
preuves admis par la loi, que l'instruction recherche
et analyse, que les débats confirment; le jugement
clôt le procès.

Nous allons étudier en détail ces diverses phases
de l'instruction criminelle devant les tribunaux de
Rome, et nous ferons connaître exactement ainsi la
marche que suivent les procès criminels.

§ 1er.

DE LA POURSUITE FISCALE.

Le procureur général du fisc a pour mission de surveiller et de défendre les intérêts du trésor public : il a donc deux tâches bien distinctes à remplir.

Tout d'abord, quand il arrive à sa connaissance que les droits du fisc ont été lésés, soit par les rapports qui lui sont adressés par les gouverneurs, soit par les informations prises par ses employés, il a le droit d'intenter le procès et de le faire poursuivre d'après les formalités exigées en pareille matière. C'est lui qui est alors chargé de diriger l'instruction, de donner tous les renseignements et toutes les preuves, de soutenir en un mot la prévention devant les magistrats chargés d'étudier l'affaire, avant la publication du procès.

D'un autre côté, le rôle de ce magistrat peut, comme nous l'avons déjà fait remarquer, se rapprocher de celui qu'a en France le ministère public ; car le trésor public étant toujours intéressé, au moins indirectement, à Rome, dans tous les procès, à cause des avances et des frais qui ont été faits pour l'incarcération du prévenu, et que celui-ci doit rembourser en tout état de cause, le procureur du fisc a pour mission de surveiller, de concert avec ses employés, la marche de tous les procès et d'y représenter les intérêts du trésor; il a, de plus, encore certaines autres attributions que nous indiquerons

dans leur lieu et place ; néanmoins il ne soutient
pas à l'audience les droits du fisc, pour la fixation
de la somme à rembourser. Cette tâche est dévolue
à l'*avocat général fiscal*, et à ses *aderenti*.

§ 2.

DE LA DÉNONCIATION.

La procédure romaine, en n'admettant pas l'initiative du magistrat dans tous les cas, en ne consacrant pas, en droit, le principe du ministère public, devait inévitablement la remplacer par d'autres moyens. La dénonciation est un de ceux auxquels elle a recours.

Quiconque se trouve présent à un délit ou quiconque en est informé peut aller le dénoncer au greffe du tribunal ou au bureau de police du lieu où le délit a été commis. Les greffiers et employés de police qui reçoivent la dénonciation doivent la transmettre immédiatement au tribunal ou au juge singulier compétents, avec toutes les indications qu'ils ont pu recueillir. Les chirurgiens ou les médecins qui sont appelés pous soigner un individu qui a reçu des blessures ou sur la vie duquel on a attenté par le poison, sont obligés d'en donner avis aux mêmes employés dans les vingt-quatre heures. La dénonciation peut rester secrète si le dénonciateur l'exige, excepté pourtant dans le cas où elle aura été reconnue calomnieuse; quand la dénonciation reste secrète, c'est alors un magistrat spécial qui expose devant le tribunal le fait incriminé. Le serment n'est pas exigé du dénonciateur, à moins que le prévenu ne le fasse ensuite comparaître comme témoin ; on n'admet pas la dénonciation du mari contre sa femme, des parents contre leurs enfants, des frères contre leurs frères ou sœurs, et réciproquement.

Nous n'ignorons pas que ce mode d'instruction a été vivement incriminé : il répugne à nos mœurs et à nos habitudes françaises ; et pourtant il est juste et légal. Un savant magistrat, de qui nous avons déjà eu occasion de citer les remarquables travaux (1), essayait récemment de le réorganiser dans nos lois sous le nom de *concours civique*. Réorganiser, disons-nous, car jusqu'à la promulgation du Code pénal, la dénonciation était non-seulement autorisée, mais encore ordonnée : nous pourrions citer maints édits de nos anciens rois ; on les trouvera mieux exposés que nous ne le saurions faire dans l'ouvrage auquel nous renvoyons le lecteur. Il nous suffira de faire remarquer que la dénonciation n'est pas admise seulement par les lois romaines : presque tous les autres Codes criminels de l'Europe la considèrent comme un moyen puissant de découvrir les crimes ; ils la réglementent et l'ordonnent (2). Il ne faut donc pas regarder la dénonciation comme un encouragement donné à la lâcheté et à la calomnie : il est juste, au contraire, que chaque citoyen soit

(1) A. Bonneville, *De l'amélioration de la loi criminelle*, ch. 5, sect. 1re.

(2) Code d'Autriche, art. 80 et 81.

Code de Bavière, art. 78.

La même disposition se retrouve dans le Code de Prusse et dans les lois anglaises.

incité par la loi à révéler les crimes dont il aura été témoin, car « *la sécurité publique ne peut résulter que du concours de tous pour assurer les droits de chacun (1).* »

§ 3.

DE LA PLAINTE ET DE L'ACCUSATION.

La partie offensée peut maintenant porter plainte elle-même et accuser publiquement celui qui lui a causé un préjudice. Dans ce cas, elle adresse un mémoire écrit ou vient faire en personne et accompagnée de deux témoins, si elle ne sait ou ne peut pas écrire, une déposition au bureau de police ou au greffe du tribunal. L'accusation n'est pas reçue quand elle vient du parent contre un autre parent au degré que nous avons indiqué plus haut : le serment n'est pas non plus exigé de l'accusateur.

Les employés qui reçoivent la plainte rédigent immédiatement l'acte d'accusation et le transmettent dans le plus bref délai au tribunal, qui doit commencer aussitôt les poursuites et l'instruction.

§ 4.

DES PREUVES ADMISES.

Dès que le tribunal est saisi d'une affaire criminelle par l'un des moyens que nous venons d'énu-

______
(1) Constitution de l'an III, art. 4.

mérer, il commence aussitôt l'instruction de l'affaire ; c'est le magistrat, chargé de ce soin par l'autorité souveraine, qui s'acquite de cette tâche.

Pour arriver à établir d'une manière certaine le corps du délit, on a recours à tous les moyens de preuves employés également en France : descente sur les lieux, examen du cadavre ou de la personne blessée, confrontation des témoins, analyse des chirurgiens, rapports des experts. Les perquisitions dans le domicile ou sur la personne même de l'inculpé, quand celui ci est connu ; la description détaillée de toutes les pièces de conviction trouvées sur le théâtre du délit ou en possession du prévenu ; la suprise en flagrant délit, constituent les principales preuves sur lesquelles peut être basée une instruction judiciaire.

L'examen des témoignages et les dépositions des témoins sont réglés par le *Règlement organique de procédure criminelle* avec un soin tout particulier. Toute personne de l'un et de l'autre sexe peut être appelée à la requête de la partie poursuivante ou du prévenu à rendre témoignage dans l'un ou l'autre sens ; tous les témoins doivent prêter serment, excepté les parents du premier et du second degré dans les deux lignes et les conjoints. Mais il importe de remarquer que les témoins doivent être âgés d'au moins quatorze ans pour que leur déposition soit recevable. Au moment de faire prêter au témoin le serment d'usage, le président du tribunal doit avertir celui- ci de l'importance de l'acte qu'il va faire et le prévenir des peines que les lois divine et humaine infligent aux parjures : le président peut aussi, si le témoin se rend suspect, ordonner son arrestation ; au bout de trois jours, il est soumis à un nouvel examen et rendu à la liberté, si la vérité de ses assertions est reconnue : autrement, on intente contre lui d'office un procès en diffamation ou en calomnie (1). Les témoins doivent dire tout ce qu'ils savent, mais seulement ce qu'ils savent ; ils doivent répondre autant que leurs connaissances propres le leur permettent aux questions qui leur sont adressées.

Les prescriptions que nous venons de signaler ici s'appliquent autant aux dépositions des témoins devant le magistrat chargé de l'instruction qu'aux dépositions qu'ils renouvellent à l'audience ; c'est à cause de cette conformité que nous les avons citées ici, avant de parler des formes de procédure qui sont exigées en présence du tribunal.

§ 5.

DE LA PROCÉDURE D'INSTRUCTION.

Quand l'instruction préliminaire a suffisamment désigné le coupable, il y a lieu à procéder à son arrestation ; or nul ne peut être arrêté sans un ordre ou un mandat d'amener, écrit ou signé par le président du tribunal, le juge poursuivant ou le gouverneur. Il faut excepter, bien entendu, de cette règle générale les cas où le coupable est surpris en

______

(1) Nous rappellerons ici que des peines sévères sont aussi portées par le Code pénal contre les faux témoins (art. 361-366).

flagrant délit, et celui où il se constitue lui-même prisonnier devant la justice. L'individu arrêté sur un mandat d'amener doit être confronté d'abord avec la partie plaignante, afin que son identité soit reconnue : le plaignant peut, pour s'assurer de l'identité de la personne du prévenu, user de tous les moyens possibles, pourvu qu'il n'exerce aucune violence sur la personne de l'inculpé et qu'il ne blesse en rien sa pudeur. Cette confrontation se fait en présence du greffier et du juge d'instruction; l'intervention de toute personne étrangère est interdite.

Si l'inculpé est reconnu, il est écroué dans la prison à ce destinée et désignée. Toute violence personnelle est formellement défendue envers le prévenu, à moins qu'une impérieuse nécessité n'y contraigne les agents de la force publique.

Néanmoins il est des cas particuliers dans lesquels l'arrestation du prévenu et son incarcération préventive ne sont pas obligatoires. Lorsqu'il s'agit d'un délit qui emporte seulement une condamnation à une peine pécuniaire, le prévenu peut être laissé en liberté provisoire, sous caution, et sous le serment de se présenter à toute réquisition du tribunal, de comparaître à l'audience et d'exécuter la sentence qui pourra être prononcée contre lui.

Dans le cas où le prévenu est arrêté et incarcéré, il est privé autant que possible de toute correspondance avec l'extérieur, jusqu'au moment de son interrogatoire et de la publication du procès.

L'interrogatoire de l'inculpé a lieu dans sa prison ou dans un lieu à ce spécialement destiné par le tribunal : aucun étranger ne peut y être admis; les questions qui sont adressées aux prisoniers doivent être claires et précises, concordantes aux procès; il est expressément défendu aux juges de faire usage d'aucune menace, d'aucune violence, d'aucun sévice, d'aucune promessse qui puisse arracher à l'inculpé un aveu qui ne serait plus l'expression de la vérité. Le prévenu est appelé à comparaître devant le juge d'instruction autant de fois que celui-ci le croit nécessaire pour arriver à établir clairement l'instruction.

Quand toutes les preuves sont pleinement établies et consignées par écrit, le juge forme un résumé de toutes les choses essentielles au procès, le communique au procureur fiscal pour tout ce qui le concerne, et rend enfin *l'acte de publication du procès*. Les formalités de cette publication consistent dans un décret rendu par le juge poursuivant ou par le gouverneur, si l'affaire est de son ressort, dans lequel ils déclarent que l'instruction est terminée et que l'affaire sera portée prochainement à l'audience du tribunal.

Cet acte a pour but de permettre à l'inculpé de prendre connaissance dans toute leur intégrité des charges qui pèsent sur lui et de préparer sa défense. C'est seulement après que ce décret lui a été signifié par le greffier que le prévenu peut nommer son avocat et s'entendre avec lui; trois jours de délai lui sont assignés pour choisir un avocat particulier ou accepter celui que le tribunal a nommé d'office.

Quand le prévenu s'est enfin décidé, son défenseur a un délai de cinq jours pour prendre connaissance de toutes les pièces relatives à l'affaire; il peut s'en faire délivrer des copies partielles ou intégrales, ou même exiger la communication des originaux.

Ce délai de cinq jours écoulé, le procureur fiscal arrête la liste des témoins qu'il croit nécessaire de produire à l'audience et fait passer, par l'intermédiaire du greffier, une copie de cette liste au défenseur du prévenu. L'instruction écrite, le résumé qui en a été fait, la liste des témoins sont ensuite remis entre les mains du chef du tribunal qui, d'accord avec les juges, fixe le jour de l'appel de la cause à l'audience et fait envoyer par le ministère du greffier des citations de comparaître à toutes les personnes qui sont appelées à figurer au procès : trois jours au moins avant l'époque fixée pour l'audience, la proposition de la cause est intimée au prévenu et à son défenseur; les juges sont également prévenus par la distribution qui est faite à chacun d'eux d'une copie du résumé de l'instruction. Si le défenseur le demande, les délais peuvent être prolongés, de nouveaux témoins, désignés par l'accusé, peuvent être cités, et l'affaire peut être remise pour laisser à la défense le temps de préparer tous ses moyens.

Enfin le défenseur a toujours le droit de faire distribuer aux juges, avant toute comparution à l'audience, toutes les pièces qui peuvent être à l'avantage de son client.

§ 6.

DE LA MARCHE DU PROCÈS A L'AUDIENCE.

Le jour de l'audience, sont seulement présents dans la salle des séances du tribunal les juges, le procureur fiscal et les défenseurs.

Ces magistrats sont assistés de deux *cursors*, et le chef du tribunal peut leur adjoindre le nombre de gardes nécessaires pour surveiller le prévenu. Les témoins sont réunis dans une chambre séparée ; et même, si quelques-uns des magistrats l'exigent, le président du tribunal ordonne que toute communication soit empêchée entre eux. L'accusé est introduit dans la salle des séances libre et *débarrassé de tous liens*. Néanmoins, sur la requête du procureur fiscal, le chef du tribunal pourrait ordonner qu'il fût lié au moyen d'une corde à son banc, de façon à empêcher toute tentative d'évasion ou de violence. L'accusateur et la partie lésée sont admis également ensuite devant le tribunal.

L'accusé fait connaître son nom, son âge, sa patrie, son état, etc., sur les interrogations qui lui sont faites par le chef du tribunal.

Le greffier donne ensuite lecture de la liste des témoins et du résumé de l'instruction ; ou bien le président expose lui-même l'affaire, puis il passe à l'interrogatoire de l'accusé. Celui-ci répond librement et ne peut être interrompu par personne, à moins qu'il ne dépasse les bornes de la modération et de la convenance; il ne peut lire aucune note écrite. Le président du tribunal fait mettre sous ses yeux tous les documents et pièces justificatives du procès afin qu'il les reconnaisse et qu'il donne toutes les explications nécessaires. Les juges, procureur fiscal et défenseur peuvent faire demander à l'accusé, par l'organe du président et avant la clôture de l'interrogatoire, tous les éclaircissements qu'ils pourront juger convenables.

On procède ensuite à l'interrogatoire des témoins qui a lieu exactement avec les mêmes formalités qu'en France : l'accusé peut, par l'organe du président du tribunal, qui seul a le droit d'interroger, faire poser aux témoins toutes les questions qu'il croira utiles à sa défense; mais il n'a pas le droit d'interrompre ou de contredire les dépositions de ceux-ci.

Après les dépositions des témoins, le procureur fiscal expose ses propres observations sur la cause et donne son opinion personnelle que le tribunal peut admettre ou rejeter, puis le défenseur du prévenu déploie les moyens de défense qu'il a préparés d'avance ou qu'il a recueillis pendant le cours des débats. L'un et l'autre peuvent répliquer; mais la parole reste toujours en dernier lieu à l'avocat du prévenu. De plus, le président demande à l'inculpé s'il a encore quelques observations particulières à présenter pour sa défense, et ce n'est que sur la déclaration expresse faite par lui, qu'il n'a plus rien à ajouter, que le président ordonne qu'il soit reconduit dans la prison.

Le tribunal se retire alors dans la chambre du

conseil, ou nul autre que les juges n'a le droit de pénétrer.

Le procès-verbal des débats, les dépositions des témoins, les réponses de l'accusé, etc., sont consignés dans un registre à ce destiné par le greffier : le procureur fiscal et le défenseur de l'accusé peuvent requérir du président l'insertion au procès-verbal de toutes les circonstances relatives aux débats qu'ils jugeront utiles.

§ 7.

DU JUGEMENT.

Lorsque les débats sont clos, et que les juges se sont retirés dans la chambre du conseil, ils ne peuvent plus se séparer avant d'avoir prononcé le jugement.

Avant tout autre question, le président doit leur demander si l'existence du délit leur paraît ou non parfaitement établie ; si l'existence du délit n'est pas admise, absolument et sans restriction, l'accusé est absous et déclaré innocent ; si l'existence du délit ne paraît pas aux juges suffisamment établie, faute de preuves convaincantes, l'accusé est simplement remis en liberté ; si, au contraire, l'existence du délit paraît aux juges clairement établie, le président leur pose alors les questions suivantes : l'accusé est-il ou non coupable ? Est-il suffisamment coupable pour être condamné à telle peine (*celle du délit*) ?

Les juges doivent faire la réponse que leur dicte leur conscience, et le jugement du tribunal se forme à la majorité des voix ; en cas de partage entre deux opinions, c'est la plus favorable à l'accusé qui doit être adoptée de préférence.

Si la culpabilité de l'accusé est proclamée par le tribunal, on lui applique la peine que les lois pénales infligent pour le délit qu'il est reconnu avoir commis ; si sa non-culpabilité est au contraire prononcée, sa mise en liberté est ordonnée, et il est renvoyé comme innocent ; on ne peut plus jamais alors le poursuivre de nouveau pour le même délit ; si, enfin, la déclaration porte que la culpabilité n'est pas suffisamment prouvée, le prévenu peut, ou bien être mis provisoirement en liberté ; mais une nouvelle instruction est commencée de façon à faire apparaître de nouveaux renseignements ou de nouvelles preuves qui fassent cesser toute incertitude, et l'accusé est alors traduit de nouveau devant le tribunal ; ou bien il peut être retenu en prison pour un temps qui ne pourra jamais dépasser six mois, pendant lequel la justice se livre à de nouvelles recherches et à de plus complètes investigations. Au bout de ce délai, le tribunal se réunit en audience privée pour décider si le résultat de l'instruction nouvelle est d'une importance assez grande pour que l'affaire soit une seconde fois remise en jugement, ou bien si l'inculpé doit être purement et simplement mis en liberté, mais sous la haute surveillance de la police.

Le jugement, soit qu'il condamne, soit qu'il absolve, doit relater le corps du délit et les principales circonstances qui l'ont accompagné, exprimer la déclaration émise par le tribunal, et, dans le cas de condamnation, citer l'article ou les articles de la loi qui sont appliqués. Il doit en outre porter à titre de peine, la condamnation au remboursement des sommes avancées par le trésor. La liquidation de ces sommes peut être attribuée à un des juges du tribunal ou renvoyée en instance séparée, devant un tribunal civil.

Le jugement signé, par le président et les juges, est immédiatement enregistré par le greffier, en présence du tribunal tout entier, puis il est publié dans la salle des audiences. Une copie doit en être portée au condamné dans un délai de trois jours.

Les jugements sont exécutables vingt-quatre heures après l'intimation qui en est faite au condamné lorsqu'ils ne comportent pas d'appel ni de pourvoi en révision.

Les sentences définitives qui condamnent à la peine de mort sont exécutées dans un endroit de la ville où siége le tribunal, qui est désigné habituellement pour les exécutions capitales, ou bien dans un lieu que désigne expressément la sentence, dans le cas où il est nécessaire de faire un exemple. Toute condamnation à mort est publiée et affichée dans les lieux où se font habituellement ces sortes de publications.

Toute condamnation à une peine temporaire non susceptible d'appel, commence à courir à partir du jour où est prononcé le jugement.

§ 8.

DE L'APPEL.

Pour tout jugement qui condamne à la peine de mort, et pour tous les délits mineurs, le condamné peut, dans les trois jours qui suivent l'intimation de la sentence, déposer aux pieds du tribunal une simple déclaration d'appel ; son défenseur peut le remplacer et porter au greffe cette demande. Dans les vingt-quatre heures, à la requête du procureur fiscal, toutes les pièces du procès sont renvoyées devant le tribunal supérieur. Le président du tribunal, chargé de l'appel, nomme un juge rapporteur qui a pour mission d'examiner, dans un délai de dix jours, toutes les pièces du procès, et de distribuer aux autres juges du tribunal la copie du résumé du premier procès. Dans les dix jours suivants, le président du tribunal fixe le jour de la discussion de la cause à l'audience, fait notifier, cinq jours au moins avant l'époque fixée, cette décision à l'inculpé; et c'est pendant ce délai que le défenseur du prévenu peut prendre connaissance des pièces relatives au procès.

Le prévenu ne comparaît devant le tribunal d'appel qui s'il le demande expressément, et c'est le procureur fiscal du tribunal de première instance qui prend les dispositions nécessaires pour faire alors exécuter le transport de l'inculpé. Les témoins qui ont été appelés dans les premiers débats ne sont pas appelés à comparaître une seconde fois devant le tribunal d'appel ; le prévenu peut néanmoins adresser une requête, que le président du tribunal admet ou rejette, pour en faire comparaître quelques-uns ; et il doit exposer sommairement par l'organe de son avocat, les motifs de sa demande : ce n'est que dans le cas d'absolue nécessité et de pauvreté reconnue de l'inculpé, que les témoins sont introduits aux frais du trésor.

La marche du procès à l'audience est la même en appel qu'en première instance : nous ne répéterons donc pas ici les détails de procédure que nous avons déjà signalés.

Le tribunal d'appel est limité dans son jugement ; il ne peut que déclarer si la décision du premier tribunal a été juste, ou si elle a été excessive dans l'application de la peine : il ne peut, en un mot, que confirmer, révoquer ou diminuer la première condamnation.

Les sentences seront toujours motivées, quand elles confirmeront la décision des premiers juges : elles pourront ne pas contenir les raisons de décider, quand elles révoqueront ou réformeront le premier jugement : elles sont prononcées et rédigées dans les mêmes formes qu'en première instance.

Elles sont exécutables vingt-quatre heures après l'intimation au condamné, quand il n'y a pas lieu au recours en révision. Les condamnations à mort sont toujours soumises auparavant à l'approbation du Souverain.

§ 9.

DU RECOURS EN RÉVISION.

La violation de l'une des formes essentielles établies dans le Code d'instruction criminelle, la fausse application de la loi, l'excès ou l'abus de pouvoir, peuvent seuls motiver et autoriser le recours en révision.

Le recours en révision doit être formé dans les vingt-quatre heures qui suivent l'intimation du jugement, par une simple déclaration déposée par le condamné ou par son défenseur au greffe du tribunal. Le défenseur présente le jour suivant les motifs sur lesquels il fonde son recours.

Ces motifs et toutes les pièces du procès sont envoyés immédiatement devant le tribunal suprême : le président de ce tribunal nomme un juge rapporteur et fixe, après s'être entendu avec lui, le jour de l'audience, qui est notifié aussitôt au défenseur d'office.

Les débats sont sommaires et se passent hors de la présence du condamné : le juge fait son rapport, le procureur fiscal présente ses observations et le défenseur déduit et expose ses motifs ; le tribunal rejette ou admet le pourvoi. S'il l'admet, il prononce également sur le fond de l'affaire, et la procédure est terminée ; s'il le rejette, on passe outre à l'exécution du jugement.

§ 10.

DU RECOURS EN GRACE.

Le condamné n'a plus alors d'autre ressource que le recours en grâce auprès du Souverain. Le Pape peut accorder la grâce pleine et entière, diminuer ou commuer la peine. La supplique qui lui est adressée doit contenir la brève exposition du fait et des circonstances incriminés.

La concession de la grâce ne préjudicie pas aux droits des tiers lésés, qui conservent une action civile pour la réparation des dommages causés. Quand le condamné gracié est déjà sorti de prison au moment où sa grâce est prononcée, il doit, dans le plus bref délai, se présenter devant le tribunal : le président lui fait connaître l'édit du Souverain, lui lit les lettres de grâce et ajoute les admonitions qui lui paraissent convenables. Si le condamné négligeait de faire cette comparution volontaire, le bénéfice de la grâce lui serait enlevé après un délai de trois mois.

L'édit et la lettre de grâce sont enregistrés au greffe du tribunal.

§ 11.

DE LA DEMANDE D'IMPUNITÉ.

Quand il s'agit de crimes de lèse-majesté, de crimes politiques ou d'attentats contre la vie des personnes, il peut arriver qu'un des prévenus fasse, *de son pro-*

pre mouvement, des révélations importantes. Le président du tribunal peut alors, s'il le juge à propos, appuyer auprès du Souverain une demande en impunité qu'a droit de former ce prévenu pour prix de sa dénonciation.

Cette demande est envoyée au secrétaire d'État qui la transmet au Saint-Père; celui-ci l'accorde ou la refuse.

Si la demande d'impunité en faveur du coupable est admise, elle peut ne lui être accordée que sous certaines conditions seulement; on lui fait connaître alors la teneur complète de toutes ces conditions, et il faut qu'il déclare les accepter toutes expressément et qu'il remplisse absolument tous les engagements qu'il a contractés, pour que l'impunité lui soit donnée pleine et entière.

Cette ressource, laissée au coupable, d'éviter le châtiment en chargeant ses complices et en dévoilant toutes les circonstances cachées du crime, est d'une importance et d'une gravité extrèmes. Si elle était admise pour *tous* le délits et pour *tous* les coupables *indifféremment*, elle pourrait constituer évidemment un vice grave dans l'organis. 'ion judiciaire et empêcher souvent la répression des crimes. Ce serait une sorte de prime d'encouragement offerte à la lâcheté et le plus souvent à la calomnie.

C'est sous ces dehors faux où exagérés qu'on s'est plu jusqu'à présent à la signaler. C'est en ne citant que le fait en lui-même, sans parler des circonstances accessoires qui le motivent et qui l'expliquent, qu'on a pu faire d'une mesure juste dans le fond et dictée par un sentiment d'indulgence peut-être extrême, une sorte de prescription scandaleuse et ini-que. Mais, qu'on se le rappelle, ce n'est que dans les cas où le crime est *d'une gravité extraordinaire* (1) que la loi autorise ce moyen extrême d'arriver à la vérité d'une manière plus positive et plus formelle. Ce n'est que quand le coupable a été guidé et con-seillé par son seul repentir et par les seuls remords qui l'assiégent; ce n'est que quand, en dehors de toute influence étrangère et de toute promesse de pardon, il a, de son propre mouvement et sans en espérer aucun profit, révélé le crime et désigné ses complices (2), que le juge peut alors demander au Souverain l'impunité que le coupable implore hum-blement. La loi religieuse absout, en principe, le pêcheur régénéré par le repentir, et la morale évan-gélique lui permet même le séjour des bienheureux. La loi criminelle ne pouvait-elle pas user de la même indulgence, et la justice humaine devait-elle se mon-trer plus rigoureuse que la justice divine?

D'autre part et sans entrer plus avant dans des considérations morales qui nous feraient sortir du cadre que nous nous sommes tracé, la demande d'impunité, faite en faveur du complice révélateur, est-elle donc une prescription toute particulière à la

______

(1) « Tali petizioni non possono aver luogo che nei delitti di « lesa Maestà di cospirazione contro la pubblica sicurezza, di « riunione di più delinquenti pregiudizievoli alla società o *di* « *altri gravissimi misfatti.* » Règlement organique de procédure criminelle, art. 642.

(2) «..... Se interroga (*l'inquisito*) particolarmente senza però « dargli alcuna lusinga di perdono, o di diminuzione di pena, o di « premio. » Règlement organique de procédure criminelle, ar-ticle 644.

législation romaine et dont on ne retrouve aucune trace ni aucun exemple dans les lois des autres pays de l'Europe? Nous ne le croyons pas; nous n'avons en effet, pour cela, qu'à rappeler certains articles de notre Code pénal qui prononcent, en certaines matières, une exemption complète de tout châtiment pour le coupable *qui a procuré l'arrestation de ses co-auteurs ou complices* (1). Nous n'avons qu'à rappeler que l'*aveu* a été de tout temps considéré comme une preuve d'une extrême importance (2), comme un des gages les plus certains de régénération morale et d'amendement du prévenu, lorsqu'il a pour cause le repentir et qu'il « *provient de cette lutte intérieure* « *qui s'élève, dans le sein du coupable, entre la pen-* « *sée du mal et la voix de sa conscience.* » L'aveu a donc toujours été regardé par les jurisconsultes et par les philosophes (3) comme une circonstance atténuante de la peine, comme la meilleure cause de pardon que puisse invoquer le coupable. Il appartenait donc aux lois de l'Église de consacrer ce principe d'une utilité si grande pour la répression des crimes et d'offrir cette immense atténuation de la peine, l'impunité, au coupable qui, vaincu par les remords, vient jeter « *presqu'un rayon de la clair-* « *voyance divine au milieu des obscurités et des in-* « *suffisances de nos jugements humains !* »

(1) Cela a lieu dans les complots qui compromettent la sûreté intérieure ou extérieure de l'État, dans ceux qui ont pour but la fabrication de la fausse monnaie, ou la contrefaçon des sceaux de l'État (Code pénal, art. 108, 138 et 144).

(2) « Post confessionem rei, nihil acceptius quæritur. » (Ulpien.)

(3) « Quem pœnitet peccasse, pene innocens est. » (Sénèque.)

SECTION III.

RÉSUMÉ ET CONCLUSION.

Nous avons achevé à présent de faire connaître la marche générale que suit, à Rome, un procès criminel ordinaire; nous avons énuméré en détail les formes de la procédure, et nous avons montré par cela même les différences et les ressemblances qui séparent ou qui rapprochent la procédure criminelle de Rome de l'instruction criminelle en vigueur en France. Indiquer encore toutes les formalités particulières qui règlent certains détails, certaines instances spéciales, nous paraîtrait hors de propos et inutile à ajouter pour l'éclaircissement de la matière. Signaler les formes de la procédure par contumace, les précautions prescrites en cas de fuite du prévenu ou du condamné, les modes de poursuite en usage contre les magistrats ou les fonctionnaires publics qui ont prévariqué ou fait abus de leur pouvoir, ce ne serait en rien ajouter quelque chose d'essentiel à la connaissance de l'administration de la justice à Rome, et ce ne serait pas produire des documents nouveaux qui puissent servir à l'examen ou à l'appréciation des formes de la justice criminelle.

De plus, toutes les prescriptions que nous pourrions analyser encore ne seraient que la répétition des règles analogues de notre procédure. Nous aimons mieux ajouter simplement qu'en matière politique, pour les crimes attentatoires à la vie du souverain ou la tranquillité de l'État, la marche de la procédure est légèrement modifiée.

Le tribunal de la sacrée Consulte est toujours saisi directement de ces affaires, et les magistrats qui sont chargés de les juger sont désignés expressément par le cardinal-secrétaire d'État : toute la procédure est sommaire, c'est-à-dire que la durée de tous les délais est diminuée pour que la répression soit plus prompte et le châtiment plus exemplaire. Les témoins ne sont pas confrontés avec les prévenus, et ceux-ci sont défendus obligatoirement par l'avocat des pauvres. Quant aux autres prescriptions, elles continuent toutes à être en vigueur : bien plus, la condamnation à mort ne peut être prononcée, en pareille matière, qu'à l'unanimité des voix ; quand les votes ne sont pas tous unanimes, il y a lieu à la révision entière du procès, et la sacrée Consulte ne peut alors connaître de l'affaire que toutes les chambres réunies.

Ce point établi, nous avons achevé de faire connaître l'ensemble de la procédure criminelle : nous laissons maintenant au lecteur impartial le soin de l'apprécier tout entière et de porter un jugement définitif.

Telle est en résumé l'administration de la justice à Rome ; à part quelques différences de détail qui se trouvent plutôt dans les mots que dans la forme, on suit, pour rendre la justice dans ce pays, la même méthode qu'en France ; ce sont les mêmes principes, ce sont les mêmes bases : le Code de Justinien, d'une part, qui a servi de modèle à toutes les législations européennes ; la morale évangélique, de l'autre, qui a fait la société et la civilisation de nos jours.

Qu'on ne vienne donc pas critiquer, sans les connaître et sans avoir en main des preuves fondées sur des faits et non sur des appréciations personnelles, l'organisation judiciaire et la législation des États de l'Église ; la justice est, à Rome, aussi parfaite qu'en aucun pays de l'Europe ; les lois y sont aussi scrupuleusement élaborées et aussi sincèrement appliquées que partout ailleurs ; la justice n'y date plus des siècles passés !

Nous espérons l'avoir suffisamment démontré dans ce travail, et nous osons dire en terminant que ce n'est pas au XIXᵉ siècle que la civilisation s'est arrêtée devant les murs de la Ville Éternelle, devant les portes de cette cité qui l'avait autrefois si vaillamment défendue contre les barbares, et qui « *à elle seule*, « suivant la belle expression d'un savant prélat, *a créé* « *la supériorité du monde occidental !* »

FIN.

TABLE.

—

SECONDE PARTIE.

DE L'ADMINISTRATION DE LA JUSTICE.

FIN DE LA TABLE.

ERRATA.

P. 14, lig. 4, au lieu de *l'état de commerce,* lisez *l'état du commerce.*
P. 86, note 1, 2e et 3e l., supprimez V. *la Revue critique de législation* de juillet 1861.
Même page, note 2, ligne 2, au lieu de *decapum,* lisez *Oceanum.*

Paris. — Imprimé par E. Thunot et Cⁱᵉ, 26, rue Racine.

www.ingramcontent.com/pod-product-compliance
Ingram Content Group UK Ltd.
Pitfield, Milton Keynes, MK11 3LW, UK
UKHW021516090726
13657UKWH00001B/273